Libro del alumno

Reporteros internacionales 3

Autoras de las unidades de la edición internacional: Barbara Bruna Bonetto, Marcela Calabia, Natalia Cancellieri, Maria Letizia Galli, Matilde Martínez, Sara Ruth Talledo Hernández

Autoras de las unidades de la edición original: Jenny Allemand, Milagros Carolina Hamon-Díaz, Delphine Rouchy, Sophie Rouet, Gwenäelle Rousselet

Revisión pedagógica: Agustín Garmendia
Coordinación editorial y redacción: Ana Irene García
Corrección: Carmen Aranda
Traducción del glosario: Scot Esposito, Gaëlle Suñer Rabaud, Adriana María Ramos Oliveira
Diseño gráfico. Cubierta: Difusión **Interior:** Besada+Cukar
Maquetación: Elisenda Galindo
Fotografías de los "reporteros": Óscar García Ortega, AndreyPopov/iStockphoto
Ilustraciones: Paula Castel, Mar Guixé, Élise Hoogardie
Documentación: Raquel Trigo
Cartografía: Digiatlas, Netmaps y Esfera

Imágenes: U1 p. 14 Terraxplorer/GettyImages, LuismiX/Getty Images, Juriah Mosin/Dreamstime, p. 15 Keepscases/Wikimedia Commons, p. 16 Hugoht/Dreamstime, p. 17 Ministerio de Salud de Costa Rica (2016), p. 19 Aleli Ilustraciones (2014), Vetkit/Dreamstime, p. 28 Hotshotsworldwide/Dreamstime, stellalevi/GettyImages, LuismiX/iStock Editorial/Getty Images Plus, Jarnogz/Dreamstime, p. 29 Jeff Grabert/Dreamstime, p. 30 Whitestorm/Dreamstime, Alinamd/Dreamstime, Juriah Mosin/Dreamstime, Nicholas Burningham/Dreamstime, Zdravinjo/ Dreamstime, Robert Bocian/Dreamstime, p. 31 Imagen cedida por Mr. Wonderful (mrwonderfulshop.es), **U2** p. 32 Uli Danner/Dreamstime, Kobby Dagan/Dreamstime, Greenpeace, p. 33 Addicted04/Wikimedia Commons, Jeremy Richards/Dreamstime, p. 34 Editorial Gárgola e ilustrador Luciano Espeche, Buenos Aires, SM, 2015, © Ilustrador: Luis Tinoco / Editorial: Ediciones Urano, cortesía Editorial Planeta SA, edición de Seix Barral/diseño e ilustración de la cubierta: © Perico Pastor, Ediciones SM, p. 37 Ulf Andersen/Getty Images, Rey+Navarro, p. 39 Mario Carvajal/cano-cristales.com, p. 46 AFP/Getty Images, Kobby Dagan/Dreamstime, Eye Ubiquitous/Getty Images, p. 47 johnwoodcock/iStockphoto, p. 48 Greenpeace, **U3** p. 50 StockPhotoAstur/Dreamstime, Wavebreakmedia Ltd/Dreamstime, p. 51 Neoespaña/L'Américain/Wikimedia Commons, Punto Studio foto AG/Fotolia, p. 52 Marius Vultur/Dreamstime, Peter Elvidge/Dreamstime, Zoran Mijatov/Dreamstime, Corepics Vof/Dreamstime, Kk8737/Dreamstime, p. 53 Cristina Curto Teixidó (2015), p. 54 Ministerio de Educación, Cultura y Deporte (2012), valentinrussanov/Getty Images, p. 56 Marysmn/Dreamstime, macrovector/Getty Images, Olena Ostapenko/Dreamstime, p. 57 drbimages/iStockphoto, p. 64 *Lazarillo de Tormes* © Enrique Lorenzo, 2008/© Ediciones SM, 2008. Pp. 3, Madrid, España, p. 65 Javier Cuadrado/Fotolia, p. 66 Wavebreakmedia Ltd/Dreamstime, p. 67 Dr_Microbe/Getty Images, MarioGuti/ Getty Images, sturti/Getty Images, **U4** p. 68 Madrugadaverde/Dreamstime, p. 69 Raul Garcia Herrera/Dreamstime, Neoespaña/L'Américain/Wikimedia Commons, Besada+Cukar, García Ortega, jorisvo/Fotolia, p. 71 adekvatiStockphoto, Byvalet/Dreamstime, Madzia71/Getty Images, Grantotufo/Dreamstime, Yasmina Drissi Sales, p. 73 Kobby Dagan/Dreamstime, p. 75 Browndogstudios/iStockphoto, Viacheslav Shafranov/iStockphoto, Hein Nouwens/iStockphoto, p. 81 Ocusfocus/Dreamstime, p. 82 Patrickwang/Dreamstime, Alessandro Rizzolli/ Dreamstime, Aleksandar Todorovic/Dreamstime, p. 83 Sborisov/Dreamstime, p. 84 sackeus.se/world-fair-trade-day-imorgon/wtfday-logo-jpeg-format/, kisspng.com/png-fair-trade-international-fairtrade-certification-m-869930/ **U5 p. 86** Davel5957/iStockphoto, p. 87 AndreyPopov/iStockphoto, ntzolov/iStockphoto, Pgiam/iStockphoto, Addicted04/Wikimedia Commons, Besada+Cukar, p. 88 Alexander Tamargo/Getty Images, Laurence Griffiths/Getty Images, Bhofack2/Dreamstime, O2btom/Dreamstime, Stefano Ember/Dreamstime, Lucy Nicholson/Getty Images, Featureflash/Dreamstime, p. 89 Winn-Dixie (2014), p. 90 generacionasere.blogspot.com.es (2010), adekvat/iStockphoto, p. 91 HRAUN/iStockphoto, DGLimages/ iStockphoto, jacoblund/iStockphoto, monkeybusinessimages/iStockphoto, p. 92 buzz 60 Latino, p. 93 DMEPhotography, pp. 100-101 Ilandavid/Dreamstime, Nicole Ruiz Hudson (Felipe Adame) y Lys Blue Design (Mario Torero), John Valadez/Buyenlarge/Gettyimages, p. 102 loquesomos.org/wp-content/uploads/2018/03/Boza-teatro-sin-papeles-lqsomos.png, **Estrategias** p. 105 Ediciones SM, **Resumen gramatical** p. 114 nataliya7/Adobe Stock, p. 117 Marco Saracco/Adobe Stock, p. 119 apomare/iStockphoto, Imgorthand/iStockphoto, olm26250/iStockphoto, p. 120 D-Keine/iStockphoto

Textos: U1 p. 30 Ministerio de Salud del Perú, **U2** p. 37 Gabriel García Márquez y Herederos de Gabriel García Márquez (1967), p. 48 Celia Ojeda, Greenpeace (2017), p. 66 Fundación Hazloposible, Asociación Madre Coraje, p. 74 © Rafael Marín y Ángel Olivera

Vídeos: U1 Campaña *¿Estás ON?*, Cruz Roja Juventud (2012); *Costa Rica: Explore the Happiness of Nature*, Essential Costa Rica, Instituto Costarricense de Turismo (2014) **U2** Sebastián García Mouret, *El coleccionista de Mundos* (2016); tráiler de *Colombia, magia salvaje* (2015); Rubén Alonso, *Cartagena City Tour Colombia* (2017) **U3** Rubén Alonso, *Salamanca City Tour* (2015) **U4** Difusión, *Alalá*, Remedios Malvarez; DIA Group **U5** BBC (2010); Luis Gamarra (2016); BBC (2010); AT&T (2014)

C/ Trafalgar, 10, entlo. 1ª
08010 Barcelona - España
Tel.: (+34) 932 680 300
Fax: (+34) 933 103 340
editorial@difusion.com

www.difusion.com

ISBN: 978-84-16943-84-5
Impreso en España por Imprenta Mundo

Introducción

Reporteros internacionales es un manual de español que facilitará a los chicos y chicas de todo el mundo acercarse al mundo que se expresa en español.

Esta obra apuesta por una didáctica inclusiva en todos sus aspectos: tipografía de alta legibilidad, lenguaje gráfico muy claro y propuestas adaptadas a todos los estudiantes, incluidos aquellos con necesidades específicas de aprendizaje.

En la creación de este manual, hemos perseguido un triple objetivo. Por un lado, ofrecer al profesor de español propuestas didácticas originales, dinámicas y efectivas, diseñadas para facilitar el aprendizaje. Por otro, responder a las necesidades y los intereses de los adolescentes para asegurar su motivación e involucrarlos en el proceso de aprendizaje. Y por último, dotar a los estudiantes de herramientas para que desarrollen su autonomía y sean capaces de explorar nuevos contenidos lingüísticos y culturales.

Reporteros internacionales 3 presenta:

- 5 unidades protagonizadas por **jóvenes reporteros procedentes de España y Latinoamérica.**
- **Secuencias de trabajo ágiles** que se completan con un entretenido **proyecto:** *Talleres de lengua*.
- Una **progresión lingüística natural y muy cuidada**, sintetizada de manera visual y accesible en los apartados de *Mi gramática*.
- Divertidos **mapas mentales** que recogen el vocabulario más importante de cada unidad para facilitar su aprendizaje.
- Numerosas **actividades lúdicas y juegos**, ideales para fomentar la **interacción oral dentro del aula.**
- Una especial atención a la **realidad cultural del mundo hispano**, presentada a través de documentos escritos y audiovisuales a menudo auténticos.
- Espacios para desarrollar las **competencias intercultural y cívica**: el apartado *Somos ciudadanos.*
- Una sección dedicada a las **estrategias de estudio y aprendizaje**.
- Numerosas propuestas de trabajo con internet y herramientas digitales en nuestra página web **campus.difusion.com.**

Los recursos digitales de Reporteros internacionales 3 en campus.difusion.com

- Libro digital interactivo
- Libro del profesor
- Exámenes
- Audios y vídeos
- Transcripciones de los audios
- Fichas de apoyo para el profesor
- Fichas de apoyo para el estudiante
- Actividades interactivas
- Mapas mentales
- *Mis estrategias de aprendizaje* traducidas al inglés, al francés, al portugués y al alemán
- Fichas de léxico
- Gramaclips
- Soluciones
- Glosarios

¡Con numerosos recursos gratuitos!

Cómo es Reporteros internacionales • LAS UNIDADES

LA PÁGINA DE ENTRADA

El **sumario** de la unidad nos presenta las herramientas de comunicación, el léxico y la gramática que se practicarán en la unidad y los talleres de lengua que harán los alumnos.

Un **mapa** para descubrir el país y la ciudad del reportero o reportera de la unidad.

¡En marcha! Actividades cortas, de comprensión escrita y comprensión oral, para **entrar en contacto** con los temas de la unidad.

¿Sabes que...? **Notas culturales** sobre España y Latinoamérica.

LAS TRES LECCIONES

Cada lección propone, en una doble página, una **secuencia didáctica** completa en la que los alumnos interactúan con documentos interesantes, se apropian de nuevos contenidos lingüísticos y practican diferentes actividades de la lengua.

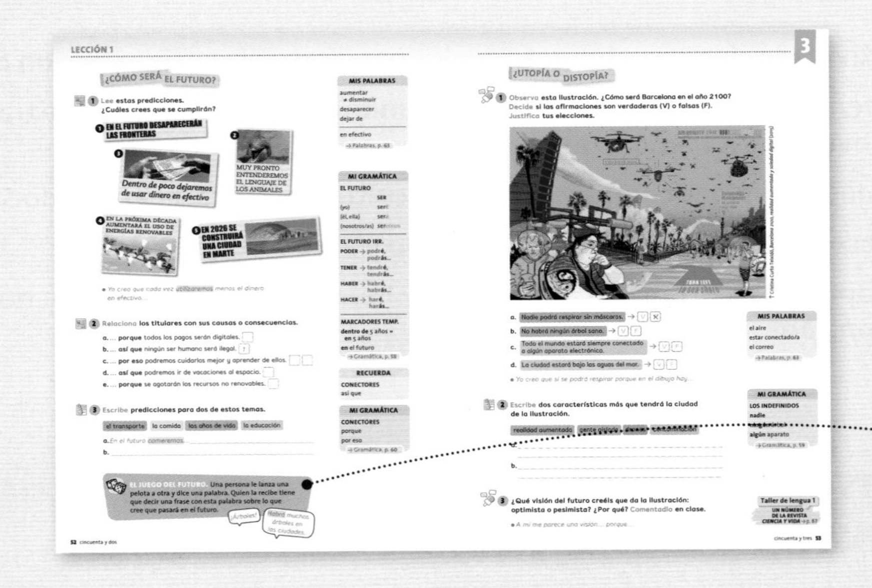

Juegos para aprender de manera **lúdica y cooperativa**.

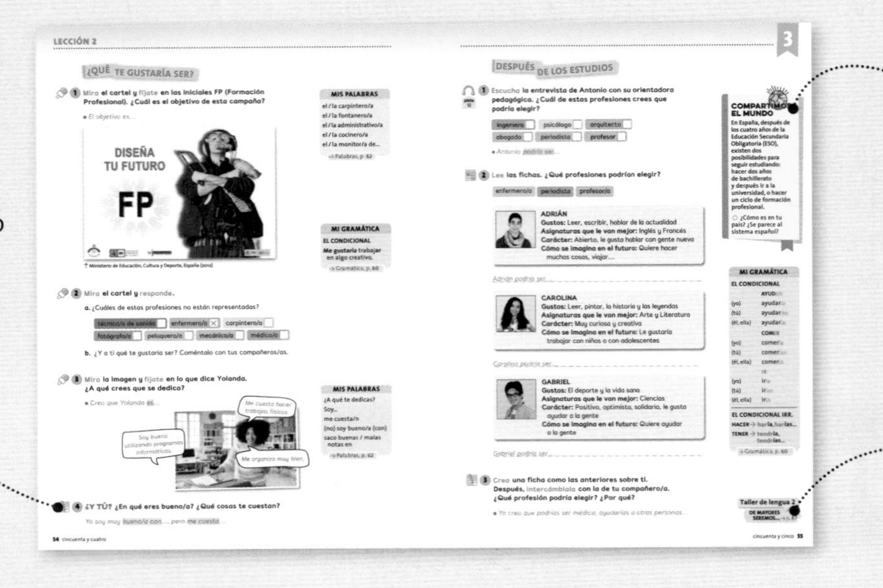

¿Y tú? Actividades que colocan el mundo del **estudiante** en el **centro del aprendizaje**.

Compartimos el mundo. Actividades cortas que muestran a los estudiantes **nuevas realidades** sociales y culturales que los ayudan a entender **el mundo que los rodea**.

Talleres de lengua. Al final de cada lección, se propone una **tarea** que estimula la creatividad y la imaginación de los estudiantes, que ponen en práctica todo lo que han aprendido de **forma cooperativa**, en un **contexto real** y con el objetivo de crear un **producto final**.

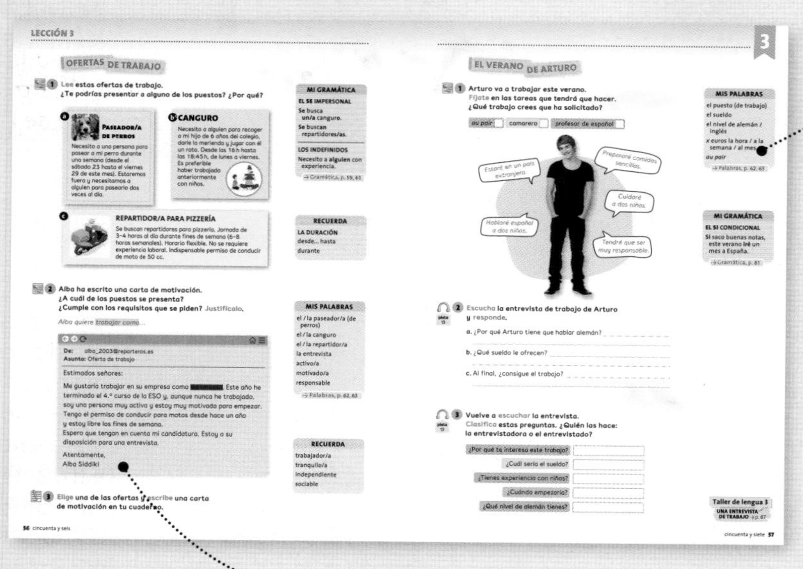

LECCIÓN 3

OFERTAS DE TRABAJO

1 Lee estas ofertas de trabajo.
¿Te podrías presentar a alguno de los puestos? ¿Por qué?

a PASEADOR/A DE PERROS
Necesito a una persona para pasear a mi perro durante una semana (desde el sábado 23 hasta el viernes 29 de este mes). Estaremos fuera y necesitamos a alguien para pasearlo dos veces al día.

b CANGURO
Necesito a alguien para recoger a mi hijo de 6 años del colegio, darle la merienda y jugar con él un rato. Desde las 16 h hasta las 18:45 h, de lunes a viernes. Es preferible haber trabajado anteriormente con niños.

c REPARTIDOR/A PARA PIZZERÍA
Se buscan repartidores para pizzería. Jornada de 3-4 horas al día durante fines de semana (6-8 horas semanales). Horario flexible. No se requiere experiencia laboral. Indispensable permiso de conducir de moto de 50 cc.

MI GRAMÁTICA
EL SE IMPERSONAL
Se busca un/a canguro.
Se buscan repartidores/as.
LOS INDEFINIDOS
Necesito a alguien con experiencia.
→ Gramática, p. 59, 61

RECUERDA
LA DURACIÓN
desde... hasta
durante

2 Alba ha escrito una carta de motivación.
¿A cuál de los puestos se presenta?
¿Cumple con los requisitos que se piden? Justifícalo.

Alba quiere trabajar como...

De: alba_2003@reporteros.es
Asunto: Oferta de trabajo

Estimados señores:

Me gustaría trabajar en su empresa como ■■■■■. Este año he terminado el 4.º curso de la ESO y, aunque nunca he trabajado, soy una persona muy activa y estoy muy motivada para empezar. Tengo el permiso de conducir para motos desde hace un año y estoy libre los fines de semana.
Espero que tengan en cuenta mi candidatura. Estoy a su disposición para una entrevista.

Atentamente,
Alba Siddiki

MIS PALABRAS
el / la paseador/a (de perros)
el / la canguro
el / la repartidor/a
la entrevista
activo/a
motivado/a
responsable
→ Palabras, p. 62, 63

RECUERDA
trabajador/a
tranquilo/a
independiente
sociable

3 Elige una de las ofertas y escribe una carta de motivación en tu cuaderno.

56 cincuenta y seis

3

EL VERANO DE ARTURO

1 Arturo va a trabajar este verano.
Fíjate en las tareas que tendrá que hacer.
¿Qué trabajo crees que ha solicitado?

au pair ☐ camarero ☐ profesor de español ☐

MIS PALABRAS
el puesto (de trabajo)
el sueldo
el nivel de alemán / inglés
x euros la hora / a la semana / al mes
au pair
→ Palabras, p. 62, 63

MI GRAMÁTICA
EL SI CONDICIONAL
Si saco buenas notas, este verano iré un mes a España.
→ Gramática, p. 61

2 Escucha la entrevista de trabajo de Arturo y responde. (pista 13)
a. ¿Por qué Arturo tiene que hablar alemán? ____
b. ¿Qué sueldo le ofrecen? ____
c. Al final, ¿consigue el trabajo? ____

3 Vuelve a escuchar la entrevista. (pista 13)
Clasifica estas preguntas. ¿Quién las hace: la entrevistadora o el entrevistado?
¿Por qué te interesa este trabajo?
¿Cuál sería el sueldo?
¿Tienes experiencia con niños?
¿Cuándo empezaría?
¿Qué nivel de alemán tienes?

Taller de lengua 3
UNA ENTREVISTA DE TRABAJO → p. 67

cincuenta y siete 57

Mis palabras, **Mi gramática** y **Recuerda**. Cuadros de ayuda que los alumnos pueden consultar en el momento de hacer las actividades. Los recuadros de gramática son de color verde y los de léxico, de color lila.

Documentos muy variados (vídeos, textos, fotografías, dibujos, carteles...), a menudo reales y siempre motivadores.

MI GRAMÁTICA

Esquemas, explicaciones y ejemplos de cada tema gramatical de la unidad.

Esta sección se identifica por el **color verde**.

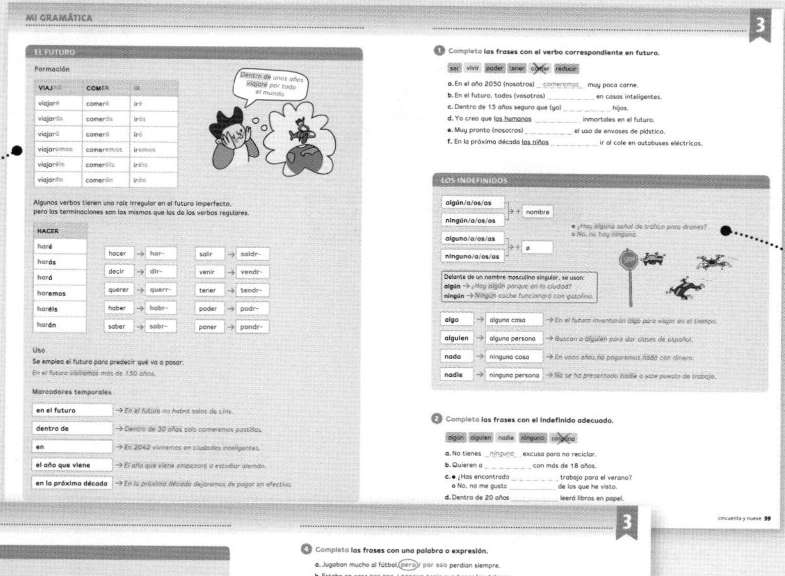

MI GRAMÁTICA

EL FUTURO

Formación

VIAJAR	COMER	IR
viajaré	comeré	iré
viajarás	comerás	irás
viajará	comerá	irá
viajaremos	comeremos	iremos
viajaréis	comeréis	iréis
viajarán	comerán	irán

Algunos verbos tienen una raíz irregular en el futuro imperfecto, pero las terminaciones son las mismas que las de los verbos regulares.

HACER
haré
harás
hará
haremos
haréis
harán

hacer → har-, decir → dir-, querer → querr-, haber → habr-, saber → sabr-
salir → saldr-, venir → vendr-, tener → tendr-, poder → podr-, poner → pondr-

Uso
Se emplea el futuro para predecir qué va a pasar.
En el futuro viviremos más de 150 años.

Marcadores temporales
en el futuro → *En el futuro no habrá salas de cine.*
dentro de → *Dentro de 30 años solo comeremos pastillas.*
en → *En 2042 viviremos en ciudades inteligentes.*
el año que viene → *El año que viene empezaré a estudiar alemán.*
en la próxima década → *En la próxima década dejaremos de pagar en efectivo.*

3

1 Completa las frases con el verbo correspondiente en futuro.
ser vivir poder tener comer reducir
a. En el año 2050 (nosotros) comeremos muy poca carne.
b. En el futuro, todos (vosotros) ____ en casas inteligentes.
c. Dentro de 15 años seguro que (yo) ____ hijos.
d. Yo creo que los humanos ____ inmortales en el futuro.
e. Muy pronto (nosotros) ____ el uso de envases de plástico.
f. En la próxima década los niños ____ ir al cole en autobuses eléctricos.

LOS INDEFINIDOS
algún/a/os/as, ningún/a/os/as → + nombre
alguno/a/os/as, ninguno/a/os/as → + ø
• ¿Hay alguna señal de tráfico para drones?
○ No, no hay ninguna.
Delante de un nombre masculino singular, se usan:
algún → *¿Hay algún parque en la ciudad?*
ningún → *Ningún coche funcionará con gasolina.*
algo → alguna cosa → *En el futuro inventarán algo para viajar en el tiempo.*
alguien → alguna persona → *Buscan a alguien para dar clases de español.*
nada → ninguna cosa → *En unos años no pagaremos nada con dinero.*
nadie → ninguna persona → *No se ha presentado nadie a este puesto de trabajo.*

2 Completa las frases con el indefinido adecuado.
algún alguien nadie ninguno ninguna
a. No tienes ninguna excusa para no reciclar.
b. Quieren a ____ con más de 18 años.
c. • ¿Has encontrado ____ trabajo para el verano?
○ No, no me gusta ____ de los que he visto.
d. Dentro de 20 años ____ leerá libros en papel.

cincuenta y nueve 59

Numerosos **ejemplos ilustrados**.

MI GRAMÁTICA

EL CONDICIONAL

Formación

VIAJAR	COMER	IR
viajaría	comería	iría
viajarías	comerías	irías
viajaría	comería	iría
viajaríamos	comeríamos	iríamos
viajaríais	comeríais	iríais
viajarían	comerían	irían

HACER
haría
harías
haría
haríamos
haríais
harían

Como en el futuro, las formas irregulares en el condicional están en la raíz, no en la terminación.
Los verbos irregulares en el condicional son los mismos que en el futuro:
hacer → haría
tener → tendría
haber → habría
decir → diría

Uso
Usamos el condicional para hablar de una realidad hipotética referida al presente o al futuro.
En un mundo ideal, no habría pobreza. *De mayor, me gustaría ser astronauta.*
Para dar consejos y hacer sugerencias.
Yo, en tu lugar, empezaría a hacer los deberes.

3 Coloca los verbos en las frases y conjúgalos.
comprar beber comer hacer gustar ir
a. ¡Tengo mucho sueño! Me iría a la cama ahora mismo.
b. ¿Y tú qué ____ en mi lugar? ¿ ____ un portátil o una tableta?
c. En un mundo ideal (nosotros/as) ____ siempre pizza.
d. Si tienes mucha sed, yo ____ agua, no un refresco.
e. Me ____ ir a tu fiesta, pero tengo una reunión familiar.

LOS CONECTORES
expresar consecuencia → por eso → *El metro no venía, por eso llego tarde.*
expresar causa → porque → *Llego tarde porque el metro no venía.*
agregar información → además → *Los humanos de la prehistoria se calentaban, se iluminaban y, además, cocinaban con fuego.*
presentar contraste → en cambio → *Mi abuelo no pudo estudiar, en cambio, su hermano fue a la universidad.*
presentar contraste → pero → *La comida está lista, pero no hay pan.*

60 sesenta

3

4 Completa las frases con una palabra o expresión.
a. Jugaban mucho al fútbol, pero / por eso perdían siempre.
b. Estaba en casa por eso / porque tenía que hacer los deberes.
c. Tenía que hacer los deberes, por eso / porque estaba en casa.
d. Tus abuelos no tenían televisón y eran felices, además / en cambio, vosotros tenéis televisión, radio e internet y no lo sois.

EL SE IMPERSONAL
se + 3.ª persona singular / plural
Se requiere experiencia con niños.
Se buscan camareros.
El verbo concuerda con el CD.

5 Escoge la opción adecuada en cada caso.
a. En España se cocina / se cocinan con aceite de oliva.
b. En Francia se estudia / se estudian dos lenguas en la escuela.
c. En este curso se aprende / se aprenden muchas cosas.
d. Se hace / Se hacen chaquetas a medida.
e. Se necesita / Se necesitan camareros por las tardes.
f. Para este trabajo se requiere / se requieren permiso de conducir.

EL SI CONDICIONAL
Se utiliza si para introducir una condición.
si + presente, futuro
Si me compran una moto, te llevaré al instituto.
Si tenemos suficiente dinero, podremos ir al cine.
En la oración introducida por si, no puede utilizarse el futuro.
~~Si iré a España este verano, iré a verte.~~
Si voy a España este verano, iré a verte.

6 Escribe frases condicionales con estos elementos.
a. tener tiempo + ordenar mi habitación (yo) → *Si tengo tiempo, ordenaré mi habitación.*
b. comer mucho + doler la barriga (tú) → ____
c. acostarse tarde + tener sueño (vosotros) → ____
d. aprender a tocar la guitarra + poder tocar en un grupo de rock (vosotras) → ____

sesenta y uno 61

Numerosas **actividades** que ayudan a apropiarse de las reglas gramaticales.

MIS PALABRAS

Un divertido **mapa mental ilustrado** recoge las palabras más importantes de la unidad.

¡Crea tu mapa mental! Una propuesta para adaptar el mapa mental a las necesidades y a los intereses de los alumnos, y desarrollar la **autonomía** y la **competencia para aprender a aprender**.

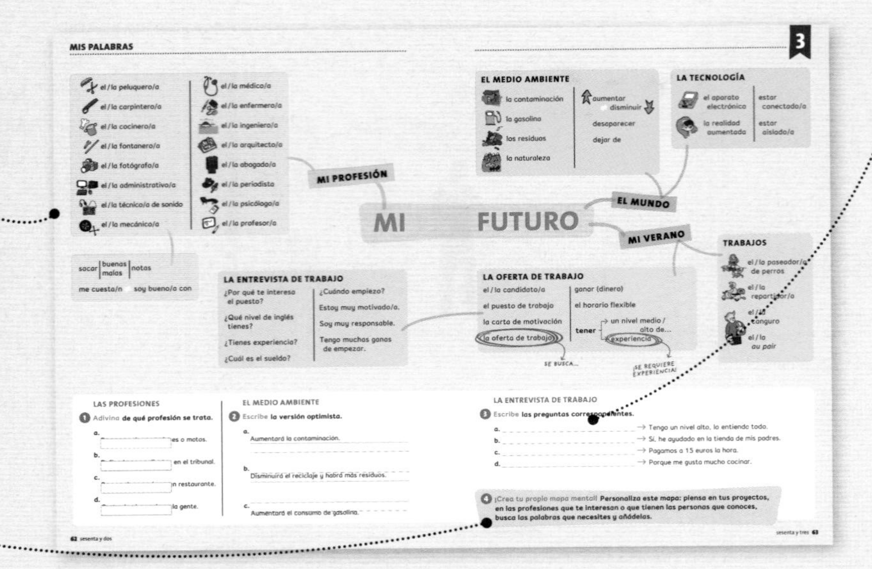

Actividades significativas que ayudan a adquirir el vocabulario de la unidad.

LA VENTANA

Un interesante **reportaje** con el que los alumnos aprenden más sobre la **cultura** de la ciudad o el país de la unidad.

Un **vídeo** sobre algún **aspecto cultural** de interés del país o de la ciudad del reportero.

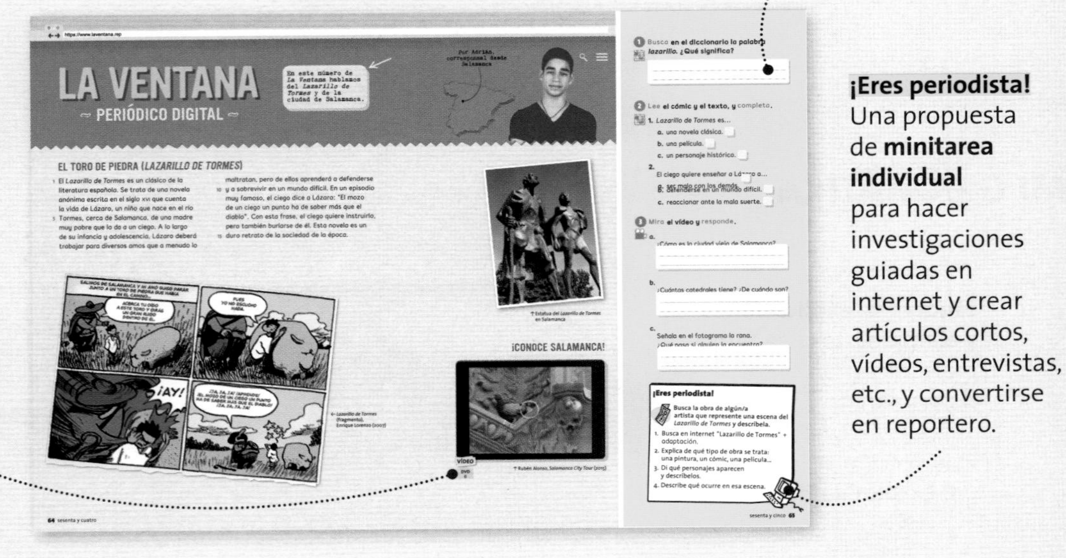

Actividades de **comprensión escrita** y **comprensión audiovisual**.

¡Eres periodista! Una propuesta de **minitarea individual** para hacer investigaciones guiadas en internet y crear artículos cortos, vídeos, entrevistas, etc., y convertirse en reportero.

SOMOS CIUDADANOS

Al final de cada unidad, textos o vídeos para **reflexionar sobre cuestiones sociales y cívicas**: igualdad de género, justicia social, etc.

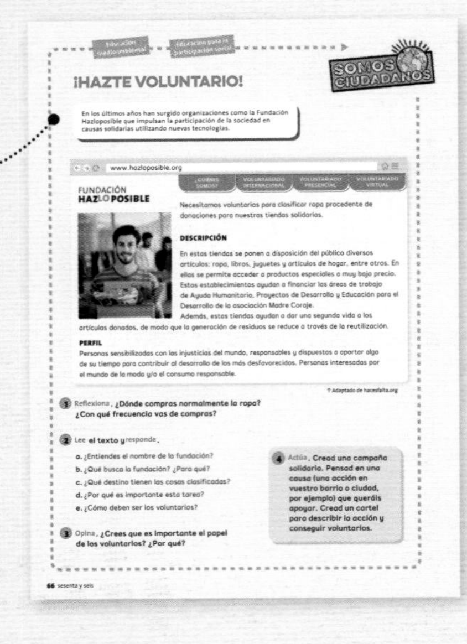

MIS TALLERES DE LENGUA

Tres tareas para **poner en práctica** lo aprendido en cada lección **con un objetivo concreto y muy motivador**.

Alternativas para llevar a cabo los talleres de las maneras más variadas (utilizando internet, ordenadores...).

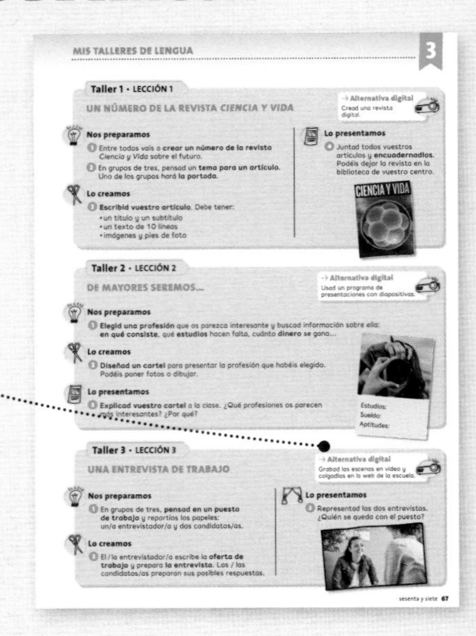

EL DOSIER
MIS ESTRATEGIAS DE APRENDIZAJE

Estrategias de aprendizaje aplicadas a diferentes actividades o secciones de *Reporteros internacionales 3*.

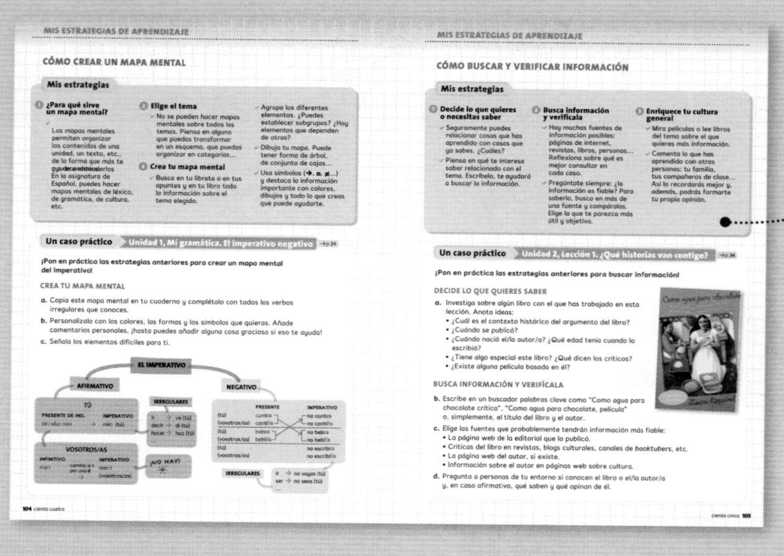

Con un **resumen de las estrategias más importantes,** que los alumnos podrán aplicar a algunas situaciones.

EL DOSIER **GLOSARIO**

Las palabras más importantes de cada unidad **traducidas** al inglés, al francés y al portugués.

EL DOSIER
RESUMEN GRAMATICAL

Todos los **contenidos gramaticales** de *Reporteros internacionales 3*.

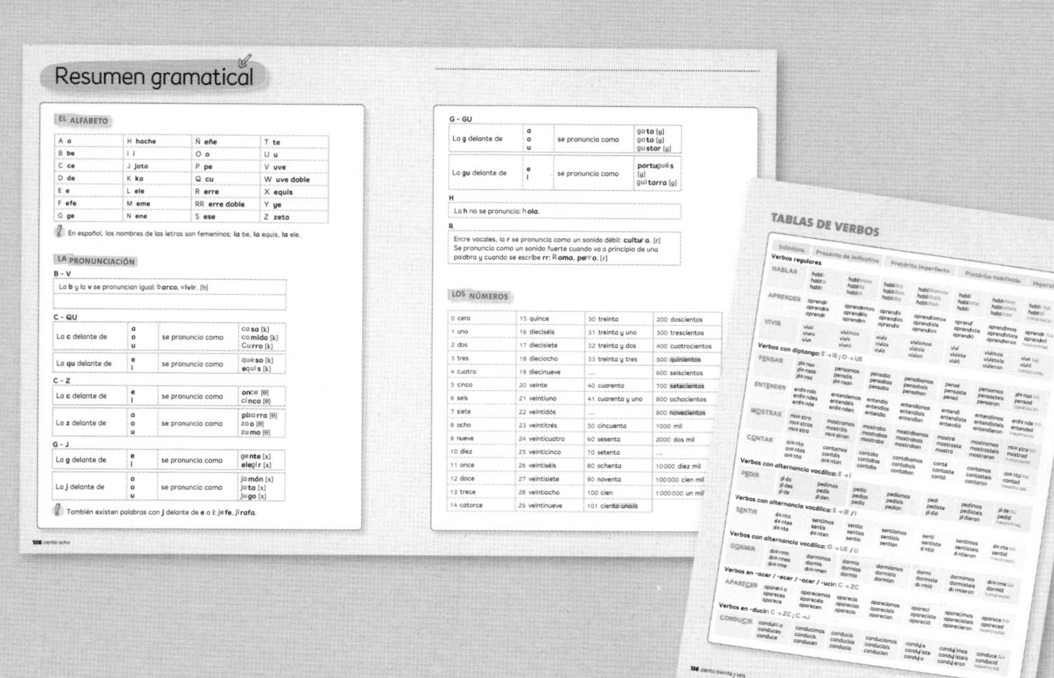

Índice

Reporteros internacionales 3

LÉXICO	CULTURA	SOMOS CIUDADANOS
• La felicidad y el bienestar • Las relaciones afectivas: **cuidar**, **querer**... • La salud • Expresiones para hablar en el médico • Los consejos con **deberías** y **podrías** • Expresiones para hablar en un restaurante • La comida (III) **Repaso:** Las partes del cuerpo (vol. 1)	• Costa Rica • El índice de felicidad de los países • Los parques nacionales de Costa Rica: Marino Ballena, Tortuguero y Corcovado • **Vídeo (campaña):** *¿Estás ON?* • **Vídeo (reportaje):** *La naturaleza feliz* Conocemos un país orgulloso de su enorme riqueza natural.	EDUCACIÓN PARA LA SALUD Y LA ALIMENTACIÓN • **Decálogo:** *Alimentación saludable* Diez consejos para llevar una alimentación correcta y saludable. 
• Los géneros narrativos: **novela histórica**, **de misterio**, **policíaca**... • Las leyendas • La naturaleza • Expresiones para reaccionar a anécdotas: **¿en serio?**	• Colombia y Cartagena de Indias • El realismo mágico y Gabriel García Márquez • Mitos y leyendas precolombinos • **Vídeo (videoblog):** *El coleccionista de Mundos* • **Vídeo (tráiler):** *Colombia, magia salvaje* • **Vídeo (reportaje):** *Visitamos Cartagena de Indias* Conocemos la ciudad más turística de Colombia, su historia y su presente.	EDUCACIÓN PARA EL MEDIO AMBIENTE • **Artículo:** *La invasión del plástico* Cómo el plástico está dañando los mares y cómo contribuir a evitarlo. 
• El medio ambiente • La tecnología • Las profesiones • Las aptitudes: **me cuesta**, **soy bueno/a en**... • Expresiones para una entrevista de trabajo • Las ofertas de trabajo **Repaso:** El carácter (vol. 1); las actividades de tiempo libre (vol. 2)	• La ciudad de Salamanca • El sistema educativo español no obligatorio • El personaje del Lazarillo de Tormes • **Vídeo (reportaje):** *¡Conoce Salamanca!* Visitamos la ciudad con la universidad más antigua de España.	EDUCACIÓN PARA LA PARTICIPACIÓN SOCIAL • **Página web:** *¡Hazte voluntario!* El voluntariado como forma de participar en la sociedad y transformarla. 

	TALLERES DE LENGUA	COMUNICACIÓN	GRAMÁTICA
UNIDAD 4 **Huellas** *Nos habla Alba desde Sevilla.* p. 68	**Taller 1.** Creamos un *collage* con nuestras influencias. **Taller 2.** Hacemos un reportaje sobre un género musical. **Taller 3.** Diseñamos un árbol con palabras de diferentes lenguas que se han incorporado al español.	**Lección 1.** Hablar de personas que me han influido. **Lección 2.** Hablar de dos bailes típicos: el flamenco y la cumbia. **Lección 3.** Hablar de un periodo histórico.	• Los tiempos del pasado: pretérito perfecto, pretérito indefinido y pretérito imperfecto • Las frases relativas con preposición • El pretérito indefinido con raíz irregular **Repaso:** El pretérito perfecto (vol. 2); el pretérito imperfecto (vol. 2); el pretérito indefinido (vol. 2); la frase relativa con *que* y con *donde* (U2)
UNIDAD 5 **Todos somos hermanos** *Nos habla Junior desde Los Ángeles.* p. 86	**Taller 1.** Creamos un mural sobre las lenguas que se hablan en clase. **Taller 2.** Realizamos una encuesta sobre temas escolares. **Taller 3.** Hacemos una entrevista a un/a migrante.	**Lección 1.** Explicar los beneficios de hablar más de una lengua. **Lección 2.** Valorar una noticia o una situación. **Lección 3.** Hablar de por qué y para qué emigran las personas.	• **Llevar** / **seguir** + gerundio • El presente de subjuntivo • Causa y finalidad • **Por** y **para** • **Querer** + infinitivo • **Necesitar** + infinitivo **Repaso:** Preposiciones (IV): **para** y **por** (vol. 2)

LÉXICO	CULTURA	SOMOS CIUDADANOS
• Recuerdos y hechos pasados • **Recordar**, **acordarse de** • Manifestaciones culturales y sus orígenes • El origen de las palabras: palabras de otras lenguas	• La Feria de Abril y las sevillanas • El arte flamenco • La cumbia • La huella árabe en España • Los monumentos árabes en España • **Vídeo (tráiler):** *Alalá*, una escuela de flamenco en Las Tres Mil Viviendas, Sevilla. • **Vídeo (reportaje):** *¡Conoce Triana!* Conocemos los lugares más emblemáticos de Triana (Sevilla).	EDUCACIÓN PARA EL CONSUMO RESPONSABLE • **Artículo:** *Comercio justo* Concienciarse sobre la importancia de adquirir productos elaborados respetando los derechos laborales y repartiendo los beneficios de manera proporcionada. 
• Hispanos en Estados Unidos • Mostrarse a favor y en contra • **Ayudar a hacer algo** / **con algo** • **Parecer bien** / **mal** • Historias de viajes y migración	• El Mes de la Herencia Hispana • El bilingüismo y el *espanglish* • El arte chicano • **Vídeo (reportaje):** *¿Cómo es la nueva generación de hispanos en EE. UU.?* • **Vídeo (reportaje):** *Yo soy inmigrante* • **Vídeo (reportaje):** *¿Cómo viven el mestizaje cultural los hispanos de EE. UU.?* Conocemos la opinión de jóvenes hispanos de EE. UU.	EDUCACIÓN EN VALORES • **Artículo:** ¡Boza!, *la obra que derrumba muros* Un grupo de jóvenes inmigrantes utiliza una representación teatral para defender sus derechos y denunciar el racismo y la falta de empatía que sufre habitualmente. 

LOS REPORTEROS

GABRIEL

Es costarricense. Vive en Tortuguero. Es una persona optimista. Le encantan los animales y la naturaleza.

CAROLINA

Es colombiana. Vive en Cartagena de Indias. Le encanta leer y pintar. Conoce muchas leyendas precolombinas.

ADRIÁN

Es español y vive en Salamanca.
Le gusta leer, escribir en el blog de su instituto y viajar a países muy diferentes.

ALBA

Es española y vive en Sevilla.
Le gusta escuchar música y bailar.
Le encanta el *skate*.

JUNIOR

Es estadounidense, pero su familia es de Colombia. Vive en Los Ángeles. Habla perfectamente inglés y español.

UNIDAD 1
Pura vida

Bahía de Papagayo, en el Pacífico costarricense

LECCIÓN 1

Hablo de... la felicidad y de cómo sentirse bien.

- La felicidad
- El imperativo afirmativo
- El imperativo con pronombres

Taller de lengua 1 Creamos objetos decorados con mensajes positivos.

LECCIÓN 2

Hablo de... la salud física y doy consejos.

- Verbos como **gustar**: **doler**
- La salud
- Desenvolverse en el médico
- El imperativo irregular
- Consejos con **deberías** y **podrías**

Taller de lengua 2 Representamos una escena en una consulta médica.

LECCIÓN 3

Hablo de... estilos de vida saludables.

- Desenvolverse en un restaurante
- **Pedir / preguntar**
- El imperativo negativo
- La comida

Taller de lengua 3 Creamos una campaña para el bienestar en nuestro instituto.

LA VENTANA
PERIÓDICO DIGITAL
Hablamos de los parques naturales de Costa Rica.

Hablamos de cómo seguir una dieta sana y reflexionamos sobre nuestros hábitos.

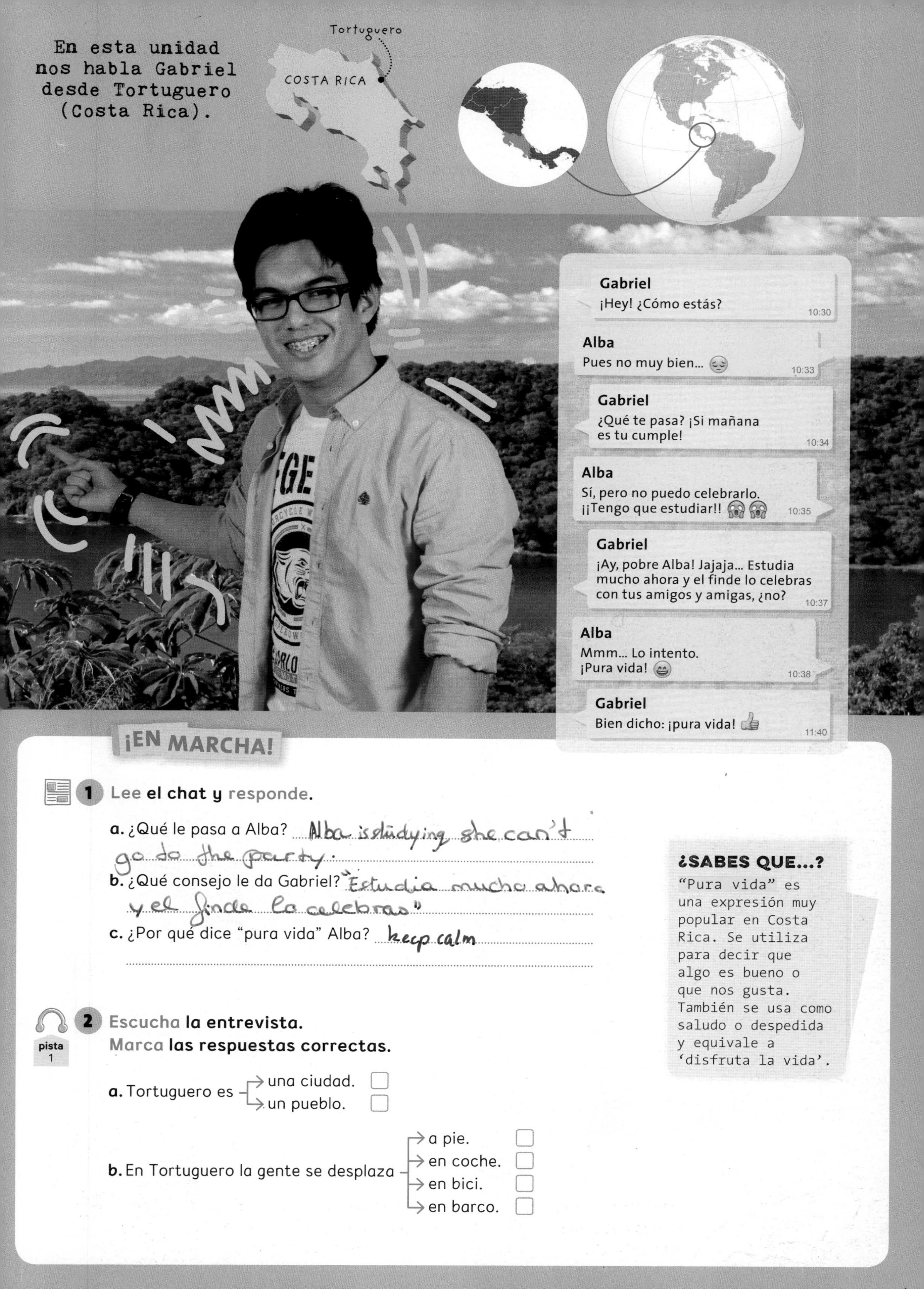

¡EN MARCHA!

1 Lee el chat y responde.

a. ¿Qué le pasa a Alba? Alba is studying she can't go do the party.

b. ¿Qué consejo le da Gabriel? "Estudia mucho ahora y el finde lo celebras"

c. ¿Por qué dice "pura vida" Alba? keep calm

¿SABES QUE...?

"Pura vida" es una expresión muy popular en Costa Rica. Se utiliza para decir que algo es bueno o que nos gusta. También se usa como saludo o despedida y equivale a 'disfruta la vida'.

pista 1

2 Escucha la entrevista. Marca las respuestas correctas.

a. Tortuguero es
- una ciudad. ☐
- un pueblo. ☐

b. En Tortuguero la gente se desplaza
- a pie. ☐
- en coche. ☐
- en bici. ☐
- en barco. ☐

¿SE PUEDE MEDIR LA FELICIDAD?

1 Lee **este artículo y** responde **a las preguntas.**

Costa Rica, el país más PURA VIDA

1 Costa Rica es conocida por su riqueza natural. Posee desde bosques tropicales hasta arrecifes de coral y es uno de los países con 5 más biodiversidad del planeta. Pero, además, se dice que es "el país más feliz del mundo" porque ha aparecido varias veces en primer lugar en el Índice del 10 Planeta Feliz. Este estudio mide la felicidad de los países basándose en factores como la huella ecológica o el nivel de satisfacción con la propia vida o con la política.

Según la costarricense Amanda Ovares, "para nosotros, los ticos, siempre todo está bien, el 'pura vida' nunca nos falta. 15 Nosotros hacemos los problemas a un lado y nos preocupamos por pasarla bien, por tener momentos gratos, por pasear, etc.".

a. ¿Qué es el Índice del Planeta Feliz? ....

b. ¿Qué crees que significa "el pura vida nunca nos falta"? ....

pista 2

2 Escucha **a dos personas que hablan sobre Costa Rica.** Responde **a estas preguntas.**

a. ¿Cree Alberto que la felicidad se puede medir? ¿Por qué? ....

b. ¿Y Raquel? ¿Por qué? ....

c. ¿Qué es lo más importante para ser feliz, según Raquel? ....

3 **¿Y A VOSOTROS/AS? ¿Qué factor os parece más importante para la felicidad?** Justificad **por qué.**

la salud de las personas | el dinero | la libertad | la cultura | el carácter optimista de la gente | la salud del medio ambiente | los derechos de las personas | la paz

¿SABES QUE...?
Es habitual escuchar la forma coloquial "ticos" para referirse a los costarricenses. Esta denominación tiene su origen en el uso habitual en Costa Rica del diminutivo "-ico/a".

RECUERDA

el país **más** feliz **del** mundo

Lo importante **para** ser feliz es el carácter.

COMPARTIMOS EL MUNDO
La huella ecológica mide el impacto de las actividades humanas sobre la naturaleza.

¿Por qué crees que se usa la huella ecológica para medir la felicidad de los países?

MIS PALABRAS

disfrutar de
la paz
el dinero
los derechos
el medio ambiente

→ Palabras, p. 26, 27

¡QUEREMOS ESTAR BIEN!

1 Observa estos carteles. ¿Crees que se trata de una campaña de la salud? ¿Por qué?

← Ministerio de Salud de Costa Rica (2016)

MIS PALABRAS

compartir
el abrazo
↳ dar un abrazo
animarse
necesitar
cuidar de
querer(se) [ie]
sonreír [í]:

→ Palabras, p. 26

2 Completa las tablas con los verbos de los carteles. Rodea con un círculo los pronombres y los acentos.

Imperativo sin pronombre (tú)	Infinitivo
comparte	compartir
usa	usar
vive	vivir
Respira	respirarse
escucha	escuchar

Imperativo con pronombre (tú)	Infinitivo
libérate	liberarse
Anímate	animarse

MI GRAMÁTICA

EL IMPERATIVO (TÚ)

RESPIRAR → respira (tú)
APRENDER → aprende (tú)
VIVIR → vive (tú)

VERBOS IRREGULARES

SONREÍR → sonríe (tú)
HACER → haz (tú)

EL IMPERATIVO CON PRONOMBRES

ANIMARSE → anímate (tú)

→ Gramática, p. 22, 23

3 Crea otro cartel para la campaña en tu cuaderno. Usa el imperativo.

Taller de lengua 1
OBJETOS PARA SER FELIZ → p. 31

DOCTORA, TENGO FIEBRE

1 Mira **el dibujo. ¿Qué les pasa a estas personas?**

- *A Pablo le duele la barriga.*

Le duele la barriga. [c] | Le duelen las muelas. [F]

Cold | Está resfriado/a. [e] | Está mareado/a. [a]

Se ha roto una pierna. [D] | Tiene fiebre. [b]

pista 3

2 Escucha **a un/a paciente de la consulta anterior.**
Responde **a estas preguntas.**

a. ¿Qué paciente del dibujo habla con la doctora? ....

b. ¿Qué síntomas tiene el / la paciente? ....

....

c. ¿Qué consejos le da la doctora? Añade los que faltan.

1. Quédate en casa.
2. ....
3. ....
4. Ten paciencia.
5. Toma jarabe.
6. ....
7. Vuelve a verme si no estás mejor.

3 Escribe **a qué persona del dibujo puedes dar estos consejos.**

a. Ve al dentista. → *A Marcos.*
b. Ten paciencia y pon la pierna en alto. → ....
c. Métete en la cama y duerme. → ....
d. Come alimentos ligeros: verdura, pollo... → ....
e. Toma algo caliente y abrígate. → ....
f. Cierra los ojos y respira profundamente. → ....

RECUERDA

DOLER [UE]
Me **duele** la cabeza.
Me **duelen** las muelas.

Se conjuga como **gustar**.

MIS PALABRAS

¿Qué te pasa?
Me siento mal.
¡Que te mejores!

estoy enfermo/a
tengo tos
tengo fiebre

me duele la garganta

tengo la gripe

el jarabe

la pastilla
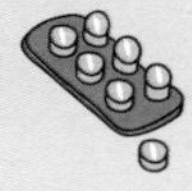
el medicamento

→ Palabras, p. 27

MI GRAMÁTICA

IMPERATIVO IRR.
SENTARSE [IE] → **siéntate** (tú)
CERRAR [IE] → **cierra** (tú)
TENER → **ten** (tú)
PONER → **pon** (tú)
IR → **ve** (tú)

→ Gramática, p. 22

heyyyy ♥ how did the Essay go?!
happy:
sad:
nervous:
mad:

COSAS QUE ME HACEN FELIZ

1 **Mira el dibujo y fíjate en qué cosas hacen feliz a Alejandra. ¿En qué cosas coincides? ¿En cuáles no?**

- *A mí también me hace/n feliz…*

los instrumentos y el sol en mi ventana.

Alejandra Costantino, → macronopiadas.blogspot.com (2014)

¿SABES QUE...?

El mate es una infusión amarga muy popular en Argentina, Uruguay y otros países de América. Se prepara en un recipiente especial y se bebe a través de una pajita de metal.

2 **¿Y A TI? ¿Qué cosas te provocan las siguientes reacciones? Escríbelo.**

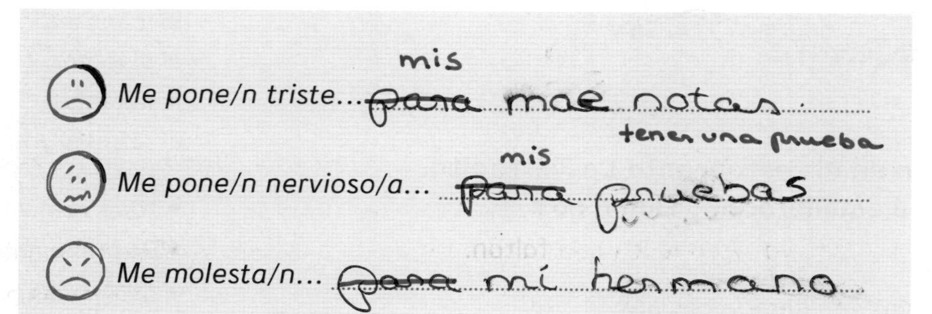

Me pone/n triste… ~~para~~ mis mae notas. tener una prueba

Me pone/n nervioso/a… ~~para~~ mis pruebas

Me molesta/n… ~~para~~ mi hermano

MIS PALABRAS

me hace/n feliz
me pone/n triste
me pone/n nervioso/a
me molesta/n

relájate (imperativo)
tienes que
puedes
deberías
podrías

→ Palabras, p. 26, 27

3 **En parejas, daos consejos para los problemas anteriores.**

- *Me molestan los perros porque me dan miedo.*
- *Deberías relajarte y acercarte a uno para perder el miedo.*

EL JUEGO DE LOS CONSEJOS. Cread tarjetas con dibujos o frases que expresen problemas: enfermedades, cosas que os molestan…. Por turnos, uno/a saca una tarjeta y dice un problema. Otra persona le da un consejo.

Las nubes me ponen triste.

Haz algo divertido: juega con un amigo y busca qué forma tienen.

Taller de lengua 2
UNA VISITA AL MÉDICO → p. 31

UN MENÚ SALUDABLE

1 Lee **este menú. ¿Qué platos pedirías?**

RESTAURANTE LA TERRACITA

MENÚ DEL DÍA

PRIMER PLATO

Ensalada de aguacate con mayonesa
Crema de verduras
Canelones con bechamel

SEGUNDO PLATO

Paella de marisco
Tortilla de espárragos y calabacín
Bistec con patatas fritas

POSTRE

Helado
Fruta de temporada
Tarta de manzana

Bebida: agua, zumo de naranja o refresco

pista 4

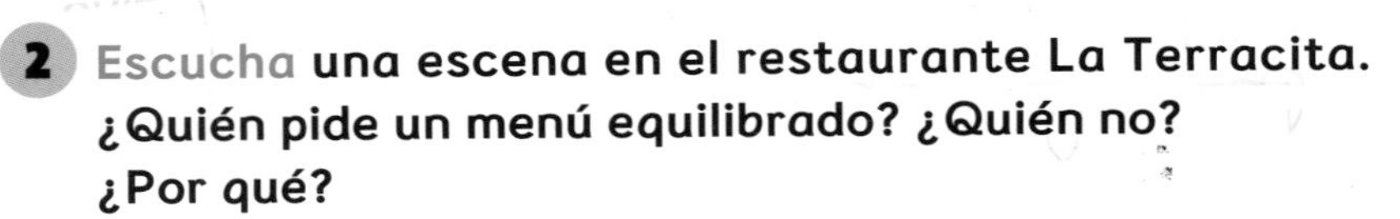

2 Escucha **una escena en el restaurante La Terracita. ¿Quién pide un menú equilibrado? ¿Quién no? ¿Por qué?**

● *El / la … pide un menú equilibrado, porque…*

3 Lee **los diálogos. ¿Entiendes lo que significan los verbos marcados en amarillo? ¿Cómo se traducen a tu lengua?**

a. ● La ensalada, ¿puede ser sin mayonesa?
○ Pues no lo sé, lo pregunto en la cocina.

b. ● ¿Pedimos una botella de agua grande?
○ Vale.

4 **En parejas,** representad **una escena en un restaurante. Una persona será el / la cliente/a y la otra, el / la camarero/a.** ● *Buenos días, ¿ya sabe qué va a tomar?*
○ *Sí. De primer plato voy a tomar…*

RECUERDA

la ensalada
la verdura
la carne
el pescado
el huevo
el arroz

MIS PALABRAS

el aguacate
el marisco
el calabacín
la tarta
la manzana
el plátano
la naranja
el refresco

● ¿Qué va/n a tomar?
● **De** primer plato, sopa.
○ ¿Qué **lleva** la ensalada?
○ Camarero/a, ¿nos trae la cuenta, por favor?

→ Palabras, p. 26

MI GRAMÁTICA

PEDIR / PREGUNTAR

¿**Pedimos** un refresco?

Pregúntale al camarero qué hay de menú.

→ Gramática, p. 25

MENTE SANA, CUERPO SANO

1 Mira la campaña. ¿Cuál es su objetivo? Inventa otro título.

....

....

MIS PALABRAS

olvidar

tener en cuenta

Campaña *¿Estás ON?*, Cruz Roja Juventud (2012)

MI GRAMÁTICA

EL IMPERATIVO NEGATIVO

- OLVIDAR → **no** olvides (tú)
- COMER → **no** comas (tú)
- VIVIR → **no** vivas (tú)

→ Gramática, p. 24

2 Vuelve a ver el vídeo. Marca cuáles de estos consejos se dan en él.

- [x] Lava bien la fruta y la verdura.
- [ ] Duerme ocho horas al día.
- [ ] Antes de ir a la tienda, piensa qué quieres comprar.
- [ ] No estés demasiadas horas frente al ordenador.
- [ ] Haz ejercicio regularmente.
- [ ] Come alimentos sanos y variados.
- [ ] Cuida tus relaciones.
- [ ] No olvides comer cinco veces al día.
- [ ] Quiérete a ti mismo/a.
- [ ] No pienses en cosas tristes.

MI GRAMÁTICA

EL IMPERATIVO AFIRMATIVO IRR.

- HACER → haz (tú)
- DORMIR → duerme (tú)

EL IMPERATIVO NEGATIVO IRR.

- TENER → no tengas (tú)
- HACER → no hagas (tú)
- DORMIR → no duermas (tú)

→ Gramática, p. 22, 24

3 ¿Qué ideas para mejorar tu vida has visto en la unidad? En parejas, escribid en el cuaderno diez consejos: cinco en forma afirmativa y cinco en forma negativa.

Sé amable contigo mismo.

No olvides cuidar de tus amigos.

Taller de lengua 3
UNA CAMPAÑA PARA ESTAR BIEN → p. 31

EL IMPERATIVO AFIRMATIVO

Formación (tú)

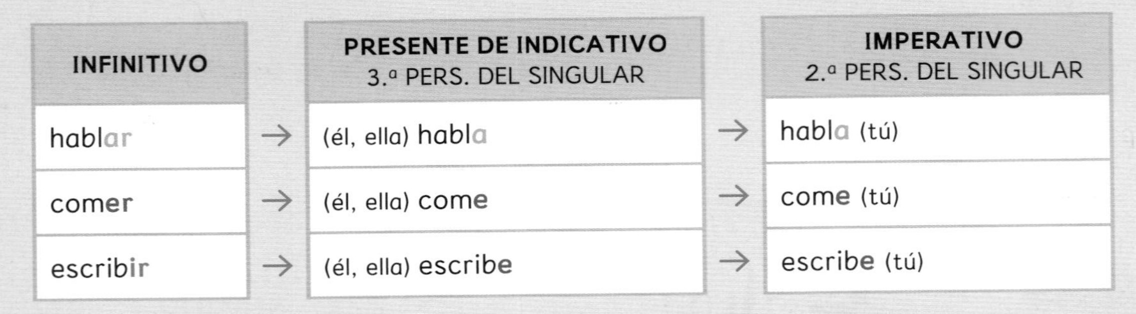

INFINITIVO		PRESENTE DE INDICATIVO 3.ª PERS. DEL SINGULAR		IMPERATIVO 2.ª PERS. DEL SINGULAR
hablar	→	(él, ella) habla	→	habla (tú)
comer	→	(él, ella) come	→	come (tú)
escribir	→	(él, ella) escribe	→	escribe (tú)

María no quiere hablar. Habla tú, por favor.

Verbos con irregularidades en el presente de indicativo:

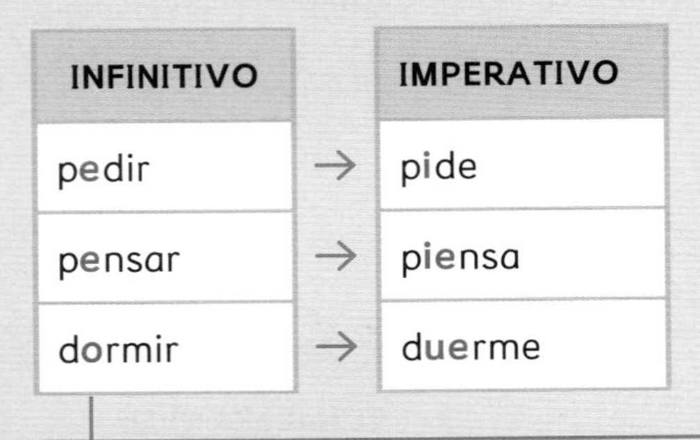

INFINITIVO		IMPERATIVO
pedir	→	pide
pensar	→	piensa
dormir	→	duerme

Los verbos irregulares en presente de indicativo son también irregulares en 2.ª persona del singular del imperativo.

Verbos totalmente irregulares:

hacer	→	**haz**	decir	→	**di**
poner	→	**pon**	ir	→	**ve**
tener	→	**ten**	salir	→	**sal**
ser	→	**sé**	venir	→	**ven**

Formación (vosotros/as)

INFINITIVO		IMPERATIVO 2.ª PERS. DEL PLURAL
cantar	→	cantad (vosotros/as)
poner	→	poned (vosotros/as)
exigir	→	exigid (vosotros/as)

No existe ninguna forma irregular del imperativo en 2.ª persona del plural.

1 Escribe **las terminaciones de los verbos que aparecen en las frases.**

a. Chicos, escuch*ad* esta canción. ¡Es preciosa!

b. Laura, compart....... las chuches con tu hermana.

c. Escrib....... estas frases en vuestro cuaderno.

d. Para ponerte bien, tom....... algo caliente.

e. ● ¿Qué deberes tenemos que hacer?
○ Hac....... los ejercicios de la página 34.

f. Us....... este bolígrafo. Funciona mejor que el tuyo.

g. Si tienes hambre, com....... una manzana.

2 **Saúl es un robot que puede ayudarte en tus tareas diarias. ¿Cómo le darías estas órdenes? Escribe las frases.**

a. Ordenar la habitación. *Saúl, ordena mi habitación.*

b. Hacer la cama. ....

c. Poner la mesa. ....

d. Ir a comprar el pan. ....

e. Sacar la basura. ....

3 **Completa los diálogos con los siguientes verbos.**

comer | girar | dormir | salir | venir | ~~continuar~~

a. ● Perdona, ¿cómo puedo ir hasta la plaza mayor de la ciudad?
o *Continúa* recto y al final .... a la izquierda.

b. ● Podríamos quedar este fin de semana, ¿no?
o ¡Claro! Mañana voy a la piscina. ¡.................. conmigo!

c. ● Mamá, no quiero ir al dentista...
o Jaime, por favor, ... de tu habitación. Nos marchamos ahora mismo.

d. Si te encuentras mal, ... bien y .... 8 horas, es lo mejor.

EL IMPERATIVO CON PRONOMBRES

Con el imperativo, los pronombres se sitúan después del verbo y se unen a él, formando una sola palabra.

El libro, guárdalo en el cajón. / Ayúdanos por favor.

En la 2.ª persona del plural, la **-d** del imperativo desaparece delante de **os**:

lavar → lava~~d~~ + os = lavaos

Niños: lavaos y vestíos, que nos vamos.

4 **Completa estos consejos con los verbos en la forma adecuada del imperativo.**

a. Antes de comer y después de ir al baño, (LAVARSE) *lávate* las manos.

b. Si pasas varias horas en el ordenador, (SENTARSE) .... con la espalda recta, (COLOCAR) .... los brazos en ángulo recto y (PONER) .... los pies planos en el suelo.

c. Si ves a una persona mayor en el metro o en el autobús, (AYUDAR + LA) .... a sentarse si lo necesita.

d. Si te pones nervioso/a antes de los exámenes, (RELAJARSE) .... haciendo respiraciones profundas en un lugar tranquilo.

e. Si un amigo tiene un problema, (AYUDAR + LO) .... a sentirse mejor.

EL IMPERATIVO NEGATIVO

Verbos regulares

	HABLAR	COMER	VIVIR
(tú)	no mires	no comas	no vivas
(vosotros/as)	no miréis	no comáis	no viváis

¡No olvides ir a comprar el pan!

Verbos irregulares

Verbos con irregularidades en el presente de indicativo:

	PEDIR	PENSAR	DORMIR
(tú)	no pidas	no pienses	no duermas
(vosotros/as)	no pidáis	no penséis	no durmáis

TENER	HACER	DECIR
no tengas	no hagas	no digas
no tengáis	no hagáis	no digáis

Verbos totalmente irregulares:

	SER	IR
(tú)	no seas	no vayas
(vosotros/as)	no seáis	no vayáis

En las frases negativas, los pronombres se sitúan antes del verbo.

5 Completa **las frases con los verbos conjugados.**

a. Ana, no (MIRAR) ... la televisión toda la noche. → M I R E S

b. No (DECIR, VOSOTROS) ... mentiras. → D _ _ _ _ _

c. Sofía, no (IR) ... a casa de la abuela todavía. → V _ _ _ _

d. Roberto, no (PENSAR) ... en cosas tristes. → P _ _ _ _ _ _

e. No (SER, VOSOTROS) ... malos con vuestro hermano. → S _ _ _ _

f. Luis, no le (PEDIR) ... tantos favores a Lola. → P _ _ _ _

g. No (DAR) ... tus contraseñas de internet a nadie. → D _ _

6 **Marcos recibe unos consejos muy simples de su hermana pequeña. Sigue aconsejándolo como ella.**

a. ● Como demasiado.
   o ¡Pues *no comas* tanto!

b. ● Voy a dormir tarde todas las noches.
   o Pues .... a dormir tarde.

c. ● Me enfado todos los días con mamá.
   o Pues .... más con ella.

d. ● Me cuesta estudiar para los exámenes.
   o Pues (DEJAR + LO) .... para el final.

e. ● Mis compañeros de equipo y yo discutimos mucho.
   o Pues (VOSOTROS, DISCUTIR) .... más.

f. ● Juego muchas horas a la consola y me duele la espalda.
   o ¡Pues .... tanto!

g. ● Soy muy negativo, me siento como un bicho raro.
   o (PENSAR) .... así, todos somos diferentes. ¡Todos somos bichos raros! 

PEDIR / PREGUNTAR

pedir → Para conseguir algo (una cosa, un consejo, un favor, un permiso...). En un restaurante o un bar.

Pídele el diccionario a tu compañero.

Tengo que pedirte un favor.

Señores, ¿qué van a pedir?

preguntar → Para obtener una información.

¿Puedes preguntarle al profesor qué significa esta palabra?

Pregúntale qué hora es a ese señor.

7 **Escoge la opción correcta en cada caso.**

a. ¿Qué vas a (pedir) / preguntar de primero: pescado o carne?

b. Para ir al baño, hay que pedirle / preguntarle permiso al profesor.

c. Sara me ha pedido / ha preguntado qué tal están mis padres.

d. ¿Puedes pedirle / preguntarle un vaso de agua al camarero?

e. Luisa, quiero pedirte / preguntarte un favor.

f. Tienes que pedir / preguntar dónde está la biblioteca nueva.

g. Pídele / Pregúntale a Lorenzo a qué hora empieza la película en el cine.

h. ● ¿Qué te ha pedido / ha preguntado Manuel?
   o Si sé dónde está la calle Real.

i. ● ¿Qué te ha pedido / ha preguntado Manuel?
   o Ayuda con los deberes de Matemáticas.

PURA

PARA SENTIRSE BIEN

 dar un beso

 dar un abrazo

necesitar

 prestar atención

 comer sano y variado

hacer ejercicio

 disfrutar (de)

cuidar (de)

 animarse

querer(se)

 sonreír

 compartir

EXPRESAR SENTIMIENTOS

me hace/n feliz

me pone/n → triste / nervioso/a

me molesta/n

EL RESTAURANTE

LAS GAMBAS SON UN TIPO DE MARISCO.

EL MENÚ

 el marisco

 el calabacín

 el espárrago

 el aguacate

 la manzana

 el plátano

 la pera

 la naranja

 el helado

 la tarta

- ¿Qué va a tomar?
- De primer plato...
- De postre...
- Camarero/a, ¿nos trae la cuenta, por favor?

EL RESTAURANTE

pista 5

1 Escucha la conversación y escribe el menú del restaurante.

PRIMER PLATO	SEGUNDO PLATO	POSTRE
....	....	....
....	....	....
....	....	....

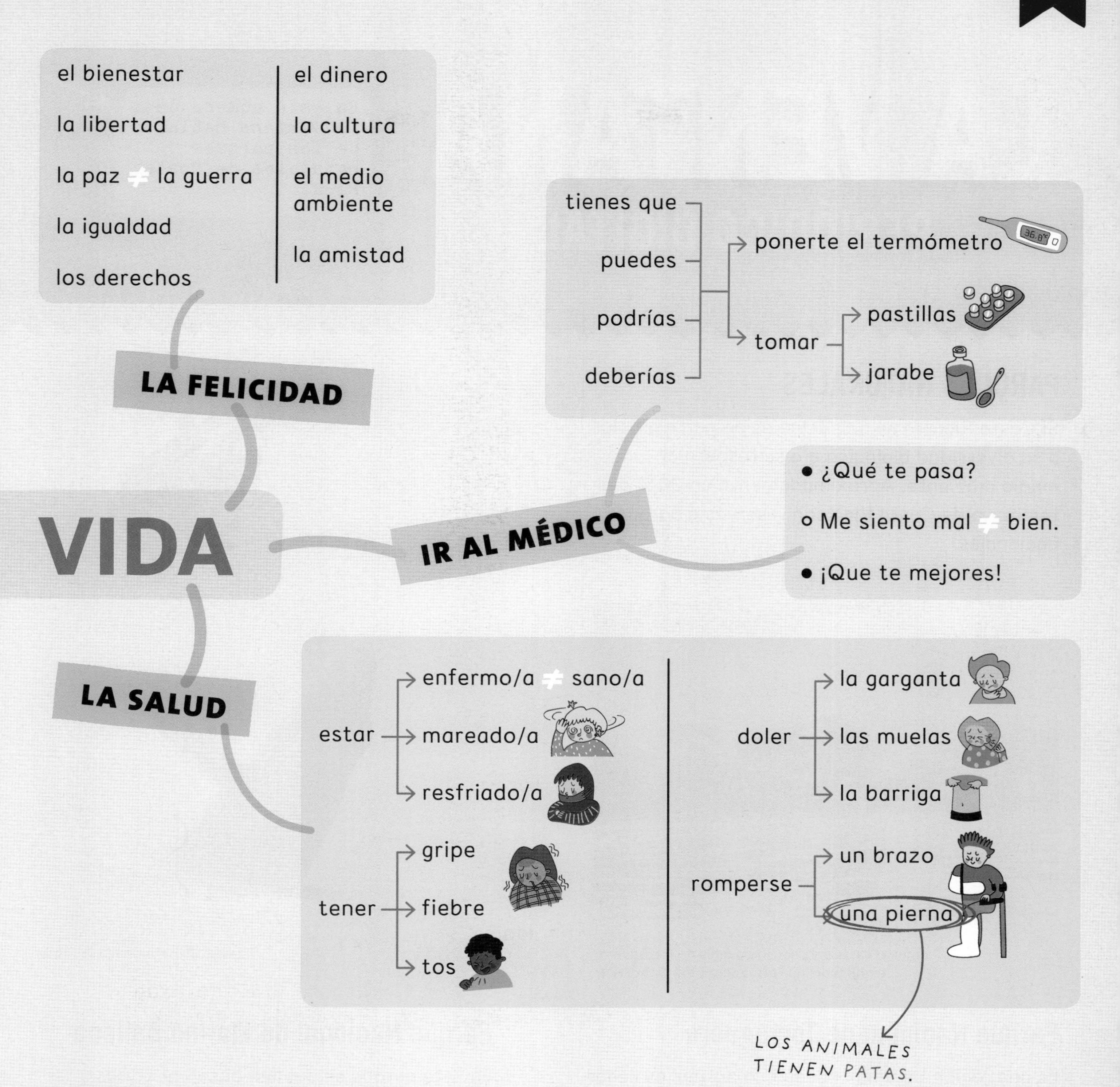

LA FELICIDAD

2 Marca **el intruso.**

a. la paz ☐ la amistad ☐ los derechos ☐ las muelas ☒

b. tomar jarabe ☐ animarse ☐ disfrutar ☐ sonreír ☐

c. tener tos ☐ doler la garganta ☐ tomar postre ☐ estar resfriado/a ☐

3 ¡Crea tu propio mapa mental! **Añade las cosas que te hacen feliz, las que te molestan y las que te ponen nervioso/a.**

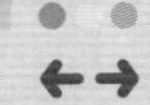
https://www.laventana.rep

LA VENTANA

PERIÓDICO DIGITAL

En este número de *La Ventana* hablamos de los parques naturales de Costa Rica.

PARQUES NATURALES

1 Si Costa Rica es un país feliz, es en parte gracias a su diversidad biológica y a su respeto al medio ambiente. Aproximadamente un 20 % del territorio de Costa Rica son reservas y parques 5 nacionales.

Rana calzonuda

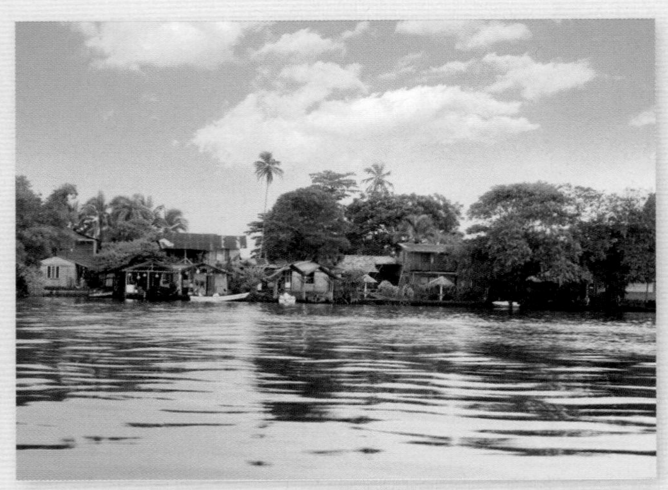
Algunas casas del pequeño pueblo de Tortuguero, a orillas del río Tortuguero y del mar Caribe

Una ballena jorobada saltando

Parque Nacional de Tortuguero

Es una región de difícil acceso: lo normal es llegar por transporte acuático y no hay coches. Esto ha permitido conservar grandes extensiones de selvas vírgenes. Cuatro de las ocho especies de 10 tortuga marina que hay en el mundo hacen su nido en este parque.

Aquí pueden verse ejemplares de rana calzonuda, una de las ranas más llamativas y coloridas de Costa Rica.

Parque Nacional de Marino Ballena

15 En este parque se pueden observar varias especies de delfines y ballenas, que vienen a aguas cálidas para dar a luz y alimentar a sus crías.

Tortuga verde

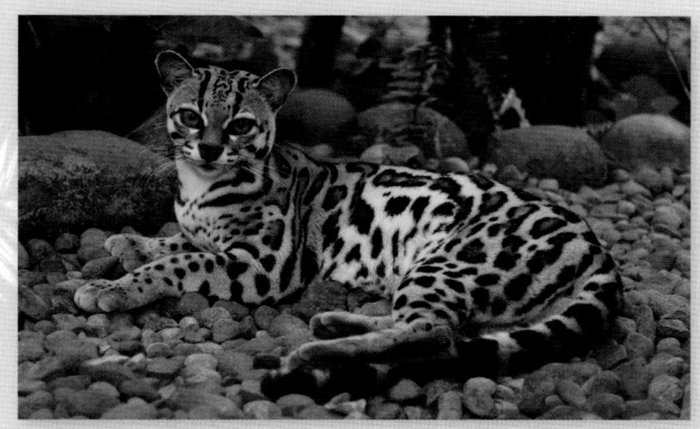
↑ Gato tigre o margay

Parque Nacional Corcovado

En este parque hay gran variedad de animales
20 y plantas, como el venenoso sapo flecha, gatos salvajes, cocodrilos, pumas, jaguares y varias especies de tortugas marinas.

LA NATURALEZA FELIZ

VÍDEO
DVD 2

↑ *Costa Rica: Explore the Happiness of Nature*, Essential Costa Rica, Instituto Costarricense de Turismo (2014)

1 **¿Cuál de estos tres parques naturales te gustaría más visitar? ¿Por qué?**

2 Escribe **el nombre de tres animales que se mencionan. ¿Puedes decir cómo se llaman en tu idioma?**

....

....

....

3 **¿De qué color son los ojos de la rana calzonuda? ¿Y el cuerpo?**

....

....

4 Mira **el vídeo.**
¿Qué se puede hacer en Costa Rica?

a. Ver animales exóticos. ☒
b. Dormir en el desierto. ☐
c. Bañarse en la playa. ☐
d. Navegar en canoa. ☐
e. Esquiar en la nieve. ☐
f. Visitar restos romanos. ☐
g. Caminar por la selva. ☐
h. Bucear en el mar. ☐

¡Eres periodista!

Crea un reportaje sobre los parques naturales en Costa Rica.

1. Escribe el nombre de los parques de esta página en un buscador y clica "maps".
2. Imprime un mapa de Costa Rica y sitúa los parques en el mapa.
3. Busca información sobre otro parque nacional de Costa Rica: dónde está, qué se puede visitar y qué animales hay.
4. Añade la información en el mapa.

Educación para la alimentación y la salud

ALIMENTACIÓN SALUDABLE

Una buena alimentación es fundamental para la salud. Una alimentación equilibrada incluye hidratos de carbono, proteínas, grasas, vitaminas y minerales.

ALIMENTACIÓN SALUDABLE PARA NIÑOS Y ADOLESCENTES

Si tienes en cuenta estos consejos, estarás más sano/a:

1. **Tu alimentación debe ser variada** para obtener todos los nutrientes que necesitas.
2. **Come regularmente** para darle a tu cuerpo la energía que necesita a cada instante. Conviene tomar un buen desayuno y comer algo a media mañana y a media tarde.
3. **Consume diariamente alimentos ricos en hidratos de carbono** como cereales, patatas y legumbres para obtener las calorías que necesitas.

4. **Consume frutas y verduras todos los días** para conseguir vitaminas y minerales esenciales para tu salud.
5. **Ojo con el azúcar.** Toma dulces, caramelos y refrescos solo ocasionalmente.
6. **Bebe unos cinco vasos de agua al día** para mantenerte bien hidratado/a.

7. **Cuida tu higiene**. Lávate las manos antes de comer y cepíllate los dientes después de cada comida.
8. **Controla tu peso.** No es bueno pesar mucho ni poco. Intenta mantener un peso adecuado para tu edad, sexo y constitución.

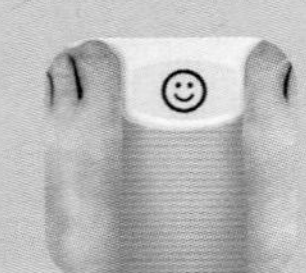

9. **No cambies tus hábitos** de alimentación de un día para otro, te resultará mucho más fácil hacerlo poco a poco.

10. **Haz algo de ejercicio físico cada día** como subir por las escaleras, ir al instituto andando o practicar algún deporte.

↑ Adaptado de Ministerio de Salud, Gobierno de Perú (2017)

1 Reflexiona. Toma **nota de lo que sueles comer en un día. ¿Crees que tu alimentación es variada?**

2 Lee **el artículo y** di **si estas afirmaciones son verdaderas (V) o falsas (F).**

a. Los adolescentes solo tienen que comer frutas y verduras. V F
b. Hay que beber, al menos, un litro de agua cada día. V F
c. Si necesitas cambiar tus hábitos, hazlo de forma radical. V F
d. Los adolescentes no deben sobrepasar los 50 kg. V F
e. Recomiendan comer unas cinco veces al día. V F
f. Todos los días hay que hacer algún tipo de actividad física. V F

3 Opina. **¿Crees que los adolescentes que conoces se alimentan de forma saludable o no? ¿Por qué?**

4 Actúa. **En grupos, preparad una encuesta basada en el texto. ¿Cumplís con los consejos? ¿Qué necesitáis mejorar?**

Taller 1 • LECCIÓN 1

OBJETOS PARA SER FELIZ

→ **Alternativa digital**
Usad un editor de imágenes para simular vuestras creaciones.

Nos preparamos

1. En grupos de cuatro, decidid qué **"objeto para ser feliz"** vais a crear: una taza, una caja, una camiseta, un póster, un bolso...
2. Escribid una o varias **frases que inviten a ser feliz**, a quererse o a cuidarse.

Imagen cedida por Mr. Wonderful (2016) →

Lo creamos

3. Pensad en una o varias **imágenes** para ilustrar vuestras frases. Podéis dibujarlas, o bien buscarlas en revistas o en internet.
4. Imprimid y pegad las frases en los objetos.

Lo presentamos

5. Presentad vuestro objeto a la clase: **¿qué es?, ¿qué dice el mensaje?**

Taller 2 • LECCIÓN 2

UNA VISITA AL MÉDICO

→ **Alternativa digital**
Grabaos en vídeo y subidlo a la web del instituto.

Nos preparamos

1. En grupos de tres, vais a preparar una escena en la **consulta médica**. Uno/a de vosotros/as será el/la **médico/a**, otro/a será un/a **paciente**, y el/la tercero/a será un/a **acompañante**.

Lo creamos

2. En vuestra escena deben aparecer:
   - los **síntomas**
   - el **diagnóstico**
   - **los consejos y/o medicinas**
   - si queréis, algún **detalle cómico**

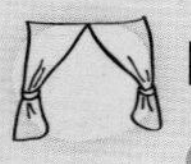

Lo presentamos

3. **Ensayad la escena** al menos dos veces. Aprendeos vuestro papel de memoria y... ¡representad vuestra escena!

Taller 3 • LECCIÓN 3

UNA CAMPAÑA PARA ESTAR BIEN

→ **Alternativa no digital**
Haz un cartel para la campaña como los de la p. 17.

Nos preparamos

1. En grupos de tres, vais a **crear un vídeo** de una **campaña sobre el bienestar** en vuestro instituto.
2. Pensad en **4 consejos** importantes. Pueden ser sobre la alimentación, el ejercicio físico, las relaciones sociales, etc.

Lo creamos

3. **Escribid** frases con los consejos. Debéis utilizar el imperativo.
   ➲ Podéis seguir como modelo el vídeo de la p. 21.
4. **Ensayad** lo que vais a decir.

Lo presentamos

5. **Grabaos** en vídeo y enseñadlo a la clase.

UNIDAD 2
Ficciones

Edificios coloniales en Cartagena de Indias

LECCIÓN 1

Hablo de... libros y doy mi opinión sobre ellos.

- Los géneros narrativos
- Valorar novelas y otros tipos de obras
- La frase relativa con **que**
- Organizadores del discurso:

Taller de lengua 1 Creamos un póster de nuestros libros, películas o series preferidos.

LECCIÓN 2

Cuento... anécdotas.

- El pretérito indefinido y el pretérito imperfecto
- **Estar** en imperfecto + gerundio
- Organizadores del discurso
- **Pasar**, **pasarle**, **pasarlo**
- Expresiones para reaccionar ante anécdotas: **¿en serio?**

Taller de lengua 2 Creamos una revista con relatos inspirados en el realismo mágico.

LECCIÓN 3

Hablo de... leyendas e invento una.

- Las leyendas
- La naturaleza
- Conectores temporales: **al**, **cuando**
- La frase relativa con **donde**

Taller de lengua 3 Hacemos una presentación original de una leyenda precolombina.

LA VENTANA
PERIÓDICO DIGITAL

Hablamos de tres civilizaciones precolombinas.

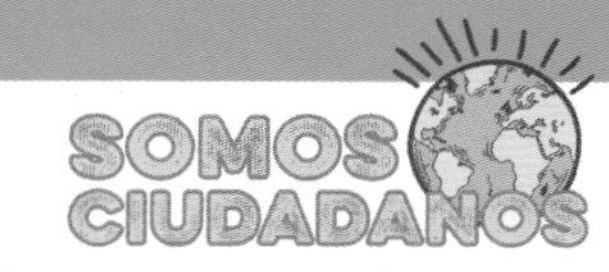

Reflexionamos sobre la cantidad de plástico que genera nuestra sociedad y sus consecuencias.

En esta unidad nos habla Carolina desde Cartagena de Indias (Colombia)

Cartagena de Indias

COLOMBIA

Adrián
Chic@s, ¿qué hacéis?
Hoy no sé qué hacer. 17:30

Carolina
¿Por qué no lees un buen libro? 17:33

Adrián
No me apetece leer... 17:34

Carolina
Te recomiendo uno que me encantó: *Crónica de una muerte anunciada*. Es de Gabriel García Márquez. 17:36

Junior
Ah, yo lo leí en el insti el año pasado. ¡Buenísimo! 17:38

Adrián
¿De qué trata? 17:42

Carolina
Si te lo cuento, no tiene gracia. ¡Léelo y ya me dirás! 17:45

¡EN MARCHA!

1 Lee el chat y responde.

a. ¿Qué le pasa a Adrián?

Está aburrido. ☐ Está triste. ☐ Está cansado. ☐

b. ¿Qué le recomienda Carolina? ....

c. ¿Crees que le va a hacer caso? ¿Por qué? ....

....

pista 6

2 Escucha la entrevista a Carolina. Completa las frases.

a. A Carolina le gustan mucho las novelas
- → de amor. ☐
- → de miedo. ☐
- → de fantasía. ☐

b. Su .... le contaba leyendas cuando era pequeña.

c. Algunas leyendas
- → le daban miedo. ☐
- → no le gustaban nada. ☐
- → eran tristes. ☐

¿SABES QUE...?

Las calles y las casas de Cartagena de Indias muestran su pasado colonial. Esta ciudad fue uno de los principales puertos de América durante la colonización española y hoy todavía conserva muchos elementos tradicionales.

¿QUÉ HISTORIAS VAN CONTIGO?

1 Di cuál es el último libro que has leído. Explica si te gustó o no.

El último libro que he leído es...

Me gustó porque es entretenido...

2 En parejas, haced el test. ¿Qué libro te recomienda? ¿Crees que te va a gustar? Explica por qué.

Me recomienda una novela de...

Creo que me va a gustar porque...

MIS PALABRAS

hace reír ≠ hace llorar
es entretenido/a ≠ es aburrido/a
engancha
es bueno ≠ es malo
la novela
- de ciencia ficción
- de terror
- de detectives
- de amor
- de humor
- fantástica

→ Palabras, p. 44

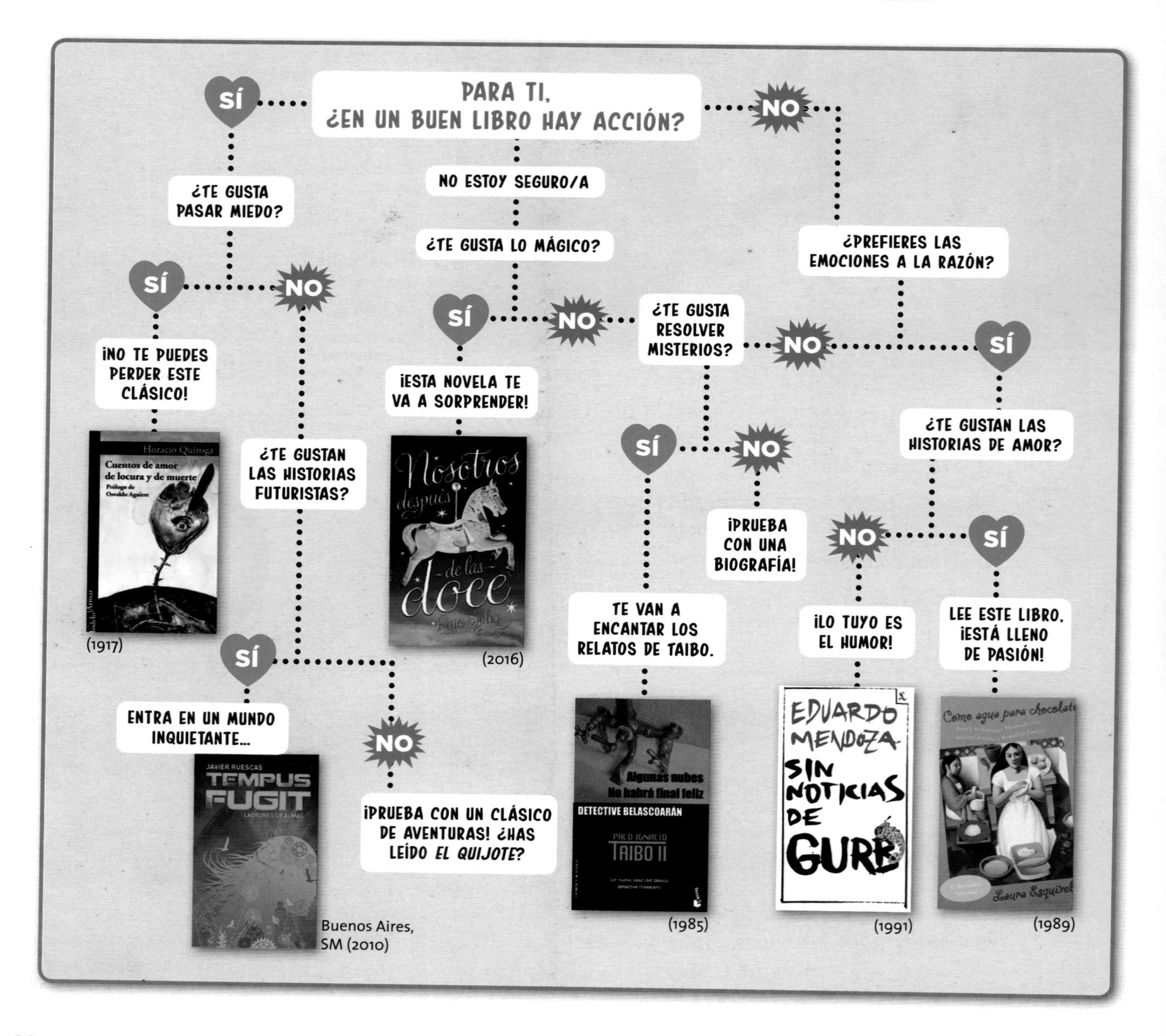

¿CULTURA EN LAS REDES SOCIALES?

 **1** Mira **el vídeo de Sebastián.**
Completa **la ficha.**

DVD 3

← Sebastián García Mouret, *El coleccionista de Mundos* (2016)

Título: ....

Autor: ....

Personaje principal: ....

Breve descripción del personaje: ....

....

Temas de los que trata: ....

....

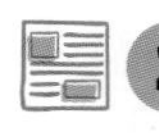 **2** Ordena **esta reseña sobre *El Quijote*.**
Las palabras destacadas pueden ayudarte.

Al final, Sancho acaba contagiándose del idealismo de don Quijote, y don Quijote, de la visión realista de Sancho. ☐

Un día, decide salir como un caballero andante para luchar contra las injusticias y se hace llamar don Quijote. ☐

En resumen, *El Quijote* es un libro que engancha y que no puedes dejar de leer hasta el final. ☐

Se cuentan las aventuras de Alonso Quijano, un hombre mayor que leía demasiadas novelas de caballerías. [1]

Lo acompaña Sancho Panza, un vecino que ve el mundo de una manera más realista. ☐

COMPARTIMOS EL MUNDO

En el mundo hispano hay varios *booktubers* que tienen muchos seguidores en las redes sociales.

¿Crees que las redes sociales son un buen medio para promover la cultura? ¿Por qué?

MIS PALABRAS

la reseña
volverse loco/a
estar cuerdo/a

MI GRAMÁTICA

ORGANIZADORES

PARA EMPEZAR
Un día don Quijote decide ir a viajar.

PARA ACABAR
Al final, cambia su visión del mundo.
En resumen, es un libro que engancha.

→ Gramática, p. 40

MI GRAMÁTICA

LA FRASE RELATIVA CON QUE

Es un hombre **que** leía muchas novelas.

→ Gramática, p. 40

Taller de lengua 1
MIS LIBROS Y PELIS FAVORITOS → p. 49

¡QUÉ FUERTE!

pistas 7•9

1 Escucha los diálogos. Responde a estas preguntas.

a. ¿Quién pasó vergüenza? *La chica del diálogo 1.*

b. ¿Quién pasó miedo? ....

c. ¿A quién le pasó algo extraño? ....

2 Lee estos fragmentos de los diálogos anteriores. Clasifica en el esquema las reacciones destacadas.

ANA: Pues que me fijé en el chico y era... ¡Sebastián!
RAQUEL: Nooo. **¿Sebastián?** ¿El chico que te gusta?

CARLOS: La bici no tocaba el suelo... sino que ¡volaba!
JAVIER: **¡Qué fuerte!**

DANIEL: Sí, lo pasé fatal, creía que iba a ahogarme.
ROCÍO: **¿Y qué hiciste?**

a. Pide más información. → ....

b. Repite una parte. → ....

c. Expresa un sentimiento. → ....

pista 10

3 Escucha la anécdota de Sandra. Completa el esquema.

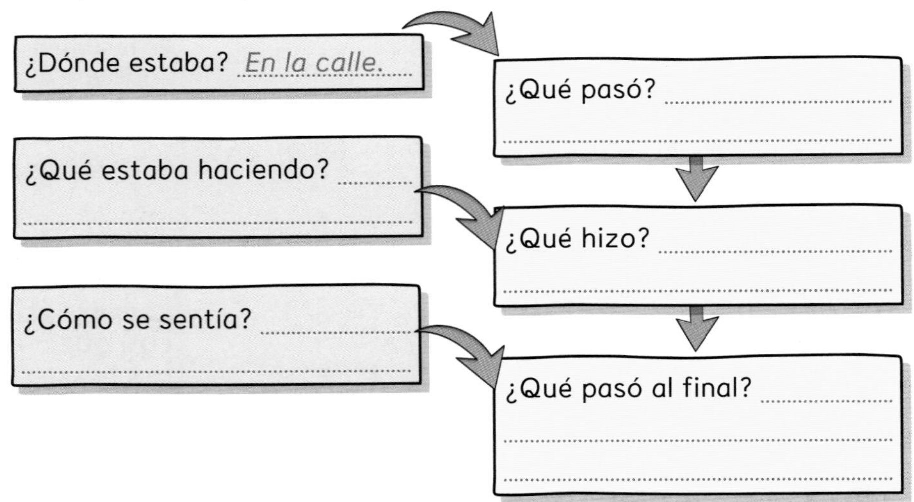

4 Piensa en una anécdota (real o inventada) y haz un esquema como el de la actividad anterior. Cuéntasela a un/a compañero/a. El / Ella debe reaccionar.

- *¿Sabes qué me pasó una vez?*
- *No, ¿qué?*

MI GRAMÁTICA

PASAR (ALGO)
¿Qué **pasó**?

PASARLE (ALGO A ALGUIEN)
¿Sabes qué me **pasó** ayer?

PASARLO + ADVERBIO
¡Lo **pasé** genial!

PASAR (= TENER)
¿**Pasaste** miedo?

→ Gramática, p. 41

MI GRAMÁTICA

INDEFINIDO / IMPERFECTO
Estaba supernerviosa y **empecé** a gritar.

→ Gramática, p. 42

MIS PALABRAS

una vez
un día
total, que

¡Qué fuerte!
¿En serio?
¿De verdad?

→ Palabras, p. 45

MI GRAMÁTICA

ESTAR EN IMPERFECTO + GERUNDIO
Como **estaba lloviendo**, decidí quedarme en casa.

→ Gramática, p. 43

EL REALISMO MÁGICO

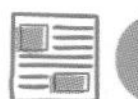

1 Lee el fragmento. Responde a las preguntas.

Cien años de soledad cuenta la historia de 10 generaciones de la familia Buendía. José Arcadio Buendía es el fundador de la familia y un personaje clave de la novela.

1 Entonces entraron al cuarto de José Arcadio Buendía, lo sacudieron con todas sus fuerzas, le gritaron al oído, le pusieron un espejo frente a las fosas nasales, pero no pudieron despertarlo. Poco después, cuando el carpintero le tomaba
5 las medidas para el ataúd, vieron a través de la ventana que estaba cayendo una llovizna de minúsculas flores amarillas. Cayeron toda la noche sobre el pueblo en una tormenta silenciosa, y cubrieron los techos. Tantas flores cayeron del cielo, que las calles amanecieron tapizadas de una colcha
10 compacta, y tuvieron que despejarlas con palas y rastrillos para que pudiera pasar el entierro.

↑ Gabriel García Márquez, *Cien años de soledad* (1967)

a. ¿Por qué no pudieron despertar a José Arcadio Buendía? ....

....

b. ¿Qué elementos del texto te parecen realistas? ....

....

c. ¿Cuáles te parecen mágicos? ¿Por qué? ....

....

....

¿SABES QUE...?

El realismo mágico es un movimiento literario nacido en América Latina que se caracteriza por mostrar lo mágico o irreal como algo cotidiano o normal. El colombiano Gabriel García Márquez (Gabo) es su autor más importante.

MIS PALABRAS

- gritar
- caer
- el techo
- el copo de nieve
- romper
- el cristal
- derretirse

MI GRAMÁTICA

ORGANIZADORES PARA UNIR IDEAS

Entonces entraron al cuarto.

Poco después vieron la lluvia de flores.

→ Gramática, p. 40

2 Marca los finales que te llevan a imaginar escenas mágicas.

a. Del cielo caían copos de nieve...
- [x] como pelotas de tenis.
- [ ] blancos y ligeros.

b. Los pájaros cantaban tan fuerte...
- [ ] que me dio dolor de cabeza.
- [ ] que se rompieron los cristales.

c. Hacía mucho calor, por eso...
- [ ] se derritieron los coches.
- [ ] no podíamos dormir.

↑ VV. AA., *Gabo, memorias de una vida mágica* (2014)

EL AMARILLO ERA EL COLOR DE GABO.

Taller de lengua 2

ESCRIBIMOS HISTORIAS MÁGICAS → p. 49

CUENTA LA LEYENDA...

1 Lee **esta leyenda colombiana. ¿Qué explica?**

el origen de una ciudad ☐ una tradición ☐
el origen del ser humano ☐ el origen de un lago ☐

1 Cuenta la leyenda que, hace muchos años, salió de la laguna sagrada de Iguaque, en Colombia, una mujer llamada Bachué. Con ella, caminaba un niño pequeño de unos tres años de edad, agarrado de su mano.

Bachué y el niño bajaron de la montaña y, al llegar al valle,
5 construyeron una casa. Cuando el niño se hizo hombre, se casó con Bachué. Entonces, el matrimonio tuvo muchos hijos y pobló la Tierra poco a poco.

Cuando pasaron muchos años, Bachué y su esposo decidieron volver a la laguna porque vieron que en la
10 Tierra ya había mucha gente. Mientras Bachué y su esposo volvían al lugar de donde salieron, sus hijos los acompañaban con mucha tristeza.

Al llegar a la laguna, Bachué habló con sus hijos y les dijo: "Mantened la paz entre vosotros y vivid en armonía con la
15 naturaleza". Con lágrimas en los ojos, Bachué tomó la mano de su esposo y, con solo pisar el agua de la laguna, los dos se convirtieron en dos serpientes enormes, que se sumergieron en la laguna y desaparecieron.

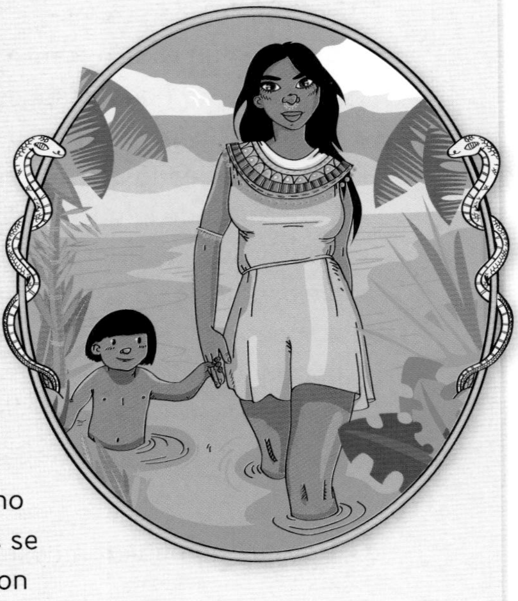

2 Completa **las frases sobre la leyenda.**

a. Al salir de la laguna, Bachué y el niño *bajaron de la montaña y construyeron una casa.*

b. Cuando el niño se hizo mayor ....

c. Al pisar el agua de la laguna, Bachué y su esposo ....

MI GRAMÁTICA

CONECTORES TEMPORALES

Al llegar al valle, construyó una casa.

Cuando el niño **se hizo** hombre, se casó con Bachué.

→ Gramática, p. 42

3 En parejas, buscad **la historia de Spiderman.** Contadla **con estas palabras u otras. Si preferís podéis contar otra historia.**

vivir con sus tíos | luchar contra el mal | picadura | araña radioactiva | tener poderes | chico huérfano

MIS PALABRAS

el dios / la diosa

→ Palabras, p. 44

LA NATURALEZA MÁGICA DE COLOMBIA

1 Observa la foto y lee la cita.
¿Por qué dicen que el río es una "imagen mágica" para un turista?

> "Lo que para nosotros puede resultar normal, como los cinco colores del río Caño Cristales, para un turista es una imagen mágica".
>
> María Claudia Lacouture, exministra de Comercio, Industria y Turismo de Colombia

↑ Fotografía de Mario Carvajal, *Caño Cristales* (2012), www.cano-cristales.com

2 Mira el tráiler de *Colombia, magia salvaje*.
Escribe dos cosas mágicas que puedes ver en Colombia.

VÍDEO

DVD 4

↑ Tráiler de *Colombia, magia salvaje* (2015)

En Colombia puedes ver lagos misteriosos, ...

3 Fíjate en el título del tráiler.
¿Te parece apropiado? ¿Por qué?

4 En parejas, inventad en vuestro cuaderno una leyenda para explicar el origen de Caño Cristales con este título:

El río donde el arcoíris se derritió

¿SABES QUE...?

En el río Caño Cristales viven algas que dan al agua un color muy especial. Por eso también es llamado "el río de los cinco colores" o "el arcoíris que se derritió".

MIS PALABRAS

- salvaje
- esconder
- el glaciar
- el ave
- la cascada
- explorar
- el arcoíris

→ Palabras, p. 45

MI GRAMÁTICA

LA FRASE RELATIVA CON DONDE

El río **donde** el arcoíris se derritió.

→ Gramática, p. 40

Taller de lengua 3

DESCUBRIMOS LEYENDAS PRECOLOMBINAS → p. 49

ORGANIZADORES DEL DISCURSO

Para empezar

un día, una vez

Para añadir información

entonces, luego

(poco) después, de repente

Para expresar causa o consecuencia

como → *Como era sábado, se levantó tarde.*

así que → *Era sábado, así que se levantó tarde.*

Para acabar

al final, en resumen

Un día estaba en mi habitación, leyendo tranquilamente, cuando de repente oí un ruido muy fuerte en la cocina. Me asusté mucho, pero al final fui a ver qué era. ¡Había cuatro platos rotos y no había nadie más en casa! Entonces vi un gato que salía por la ventana y lo entendí todo.

1 Completa **el texto con estos organizadores del discurso. Hay uno que sobra.**

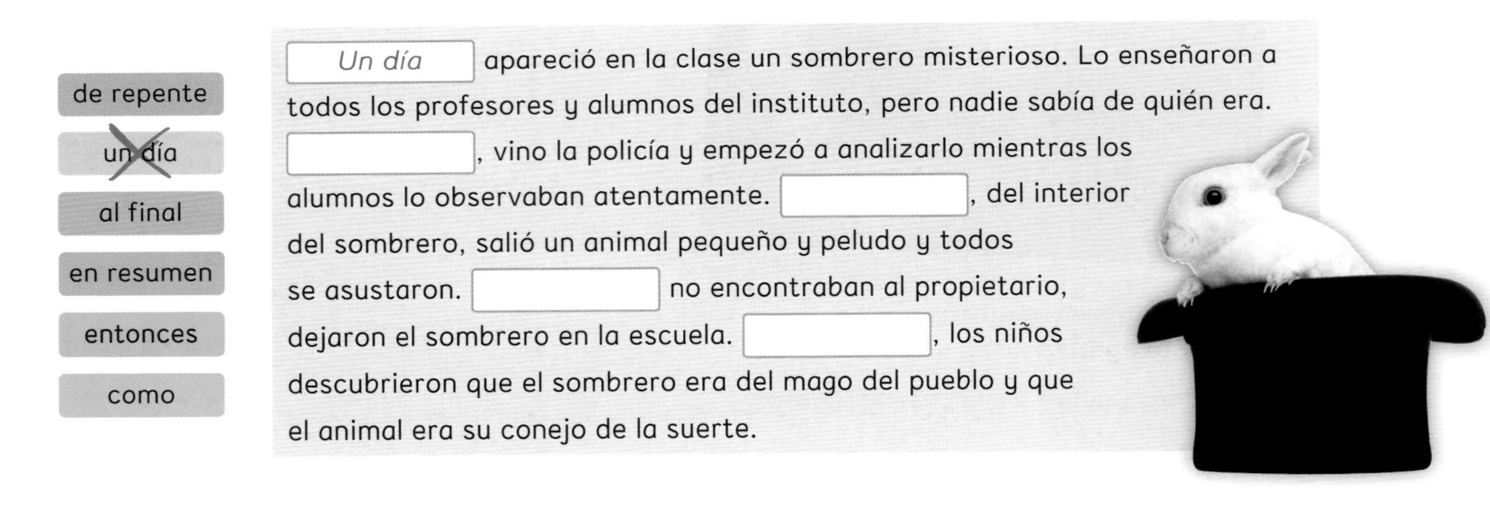

- de repente
- ~~un día~~
- al final
- en resumen
- entonces
- como

Un día apareció en la clase un sombrero misterioso. Lo enseñaron a todos los profesores y alumnos del instituto, pero nadie sabía de quién era. ________, vino la policía y empezó a analizarlo mientras los alumnos lo observaban atentamente. ________, del interior del sombrero, salió un animal pequeño y peludo y todos se asustaron. ________ no encontraban al propietario, dejaron el sombrero en la escuela. ________, los niños descubrieron que el sombrero era del mago del pueblo y que el animal era su conejo de la suerte.

LA FRASE RELATIVA

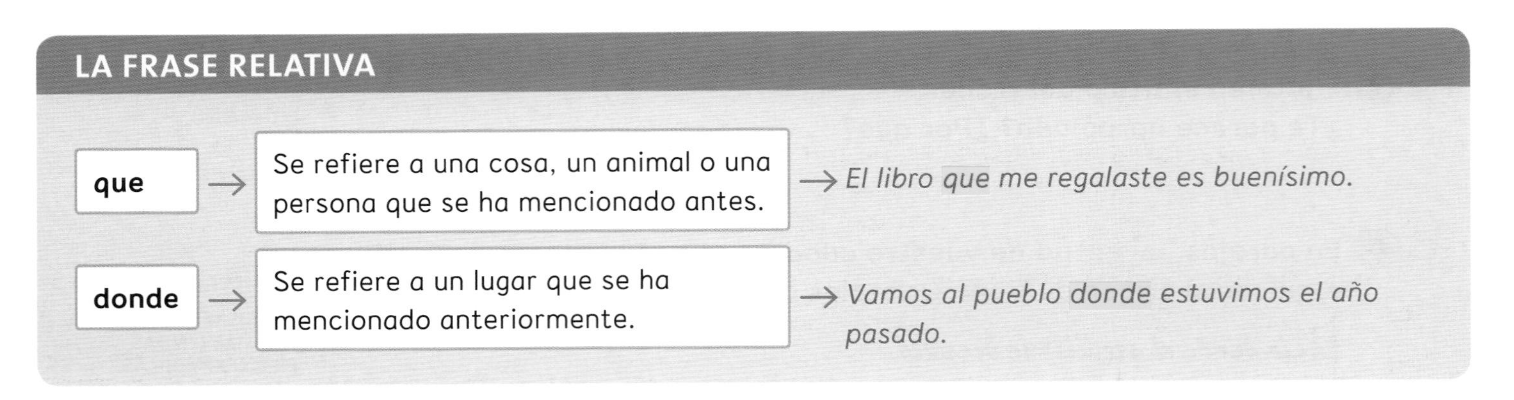

que →	Se refiere a una cosa, un animal o una persona que se ha mencionado antes.	→ *El libro que me regalaste es buenísimo.*
donde →	Se refiere a un lugar que se ha mencionado anteriormente.	→ *Vamos al pueblo donde estuvimos el año pasado.*

2 Une cada par de frases con que o donde.

a. José vive en un pueblo. + En el pueblo no hay escuela.
José vive en un pueblo ...donde... no hay escuela.

b. El martes compré un libro. + El libro está en la estantería.
El libro .... compré el martes está en la estantería.

c. Colombia es un país tropical. + En Colombia hay muchas especies de animales salvajes.
Colombia es un país tropical .... hay muchas especies de animales salvajes.

3 Escribe una sola frase con que o donde.

a. Ayer vimos una película en el cine. + La película es de ciencia ficción.
La película que vimos ayer es de ciencia ficción.

b. La semana pasada encontramos un gato. + El gato es de Ana.
....

c. Mi prima tiene una casa preciosa. + La casa está delante de la playa.
....

SIGNIFICADOS Y USOS DEL VERBO **PASAR**

pasar	+	algo	→ *¿Qué pasó ayer en clase? El profesor está enfadado.*
pasarle	+	algo a alguien	→ *Manuel tiene una pierna rota. ¿Sabes qué le pasó?*
pasar	+	vergüenza, miedo...	→ *Pasé mucho miedo. ¡Creía que había un ladrón en mi casa!*
pasarlo	+	bien, mal, genial...	→ *El lunes fuimos a una fiesta. ¡Lo pasamos genial!*

4 Relaciona las preguntas con sus respuestas.

a. ● ¿Qué pasó en el partido de ayer? [4]
b. ● ¿Lo pasaste bien en la excursión? [ ]
c. ● ¿Qué le pasó a Sofía? [ ]
d. ● ¿Pasaste miedo en la película? [ ]

1. ○ Sí, ¡genial!
2. ○ Se cayó por las escaleras.
3. ○ No, nada. Era muy mala.
4. ○ ¡Ganamos 2 a 0!

5 Escribe en tu idioma las frases a, b, c y d del ejercicio 4.

a. ....
b. ....
c. ....
d. ....

EL PRETÉRITO INDEFINIDO Y EL PRETÉRITO IMPERFECTO

En español, usamos el pretérito indefinido para narrar una historia o un hecho que situamos en el pasado. Con este tiempo presentamos una acción pasada y terminada.

Miguel de Cervantes nació en Alcalá de Henares.
Ayer estuve en el parque con las chicas.

En las narraciones, el pretérito indefinido se combina frecuentemente con otro tiempo pasado: el imperfecto. El pretérito imperfecto describe situaciones o circunstancias relacionadas con la acción principal.

Estaba en casa haciendo los deberes y, de repente, llamaron a la puerta.

6 Escoge **la forma correcta en cada caso.**

Cuando yo **era** / **fue** pequeño, siempre **iba** / **fui** al colegio en autobús. Un día, el autobús no **aparecía** / **apareció** y **tenía** / **tuve** que andar 5 kilómetros. Al llegar al colegio, **veía** / **vi** que **estaba** / **estuvo** cerrado. Como **era** / **fue** muy raro, **llamaba** / **llamé** a un amigo, que con voz enfadada me **decía** / **dijo**: "¡Es el primer día de vacaciones!". Al final, **volvía** / **volví** a mi casa andando de nuevo. Cuando **llegué** / **llegaba**, me **preparaba** / **preparé** un buen desayuno. Me lo **comí** / **comía** en la cocina. Luego, como **estuve** / **estaba** de vacaciones, me **senté** / **sentaba** en el sofá y **leía** / **leí** un rato.

CONECTORES TEMPORALES

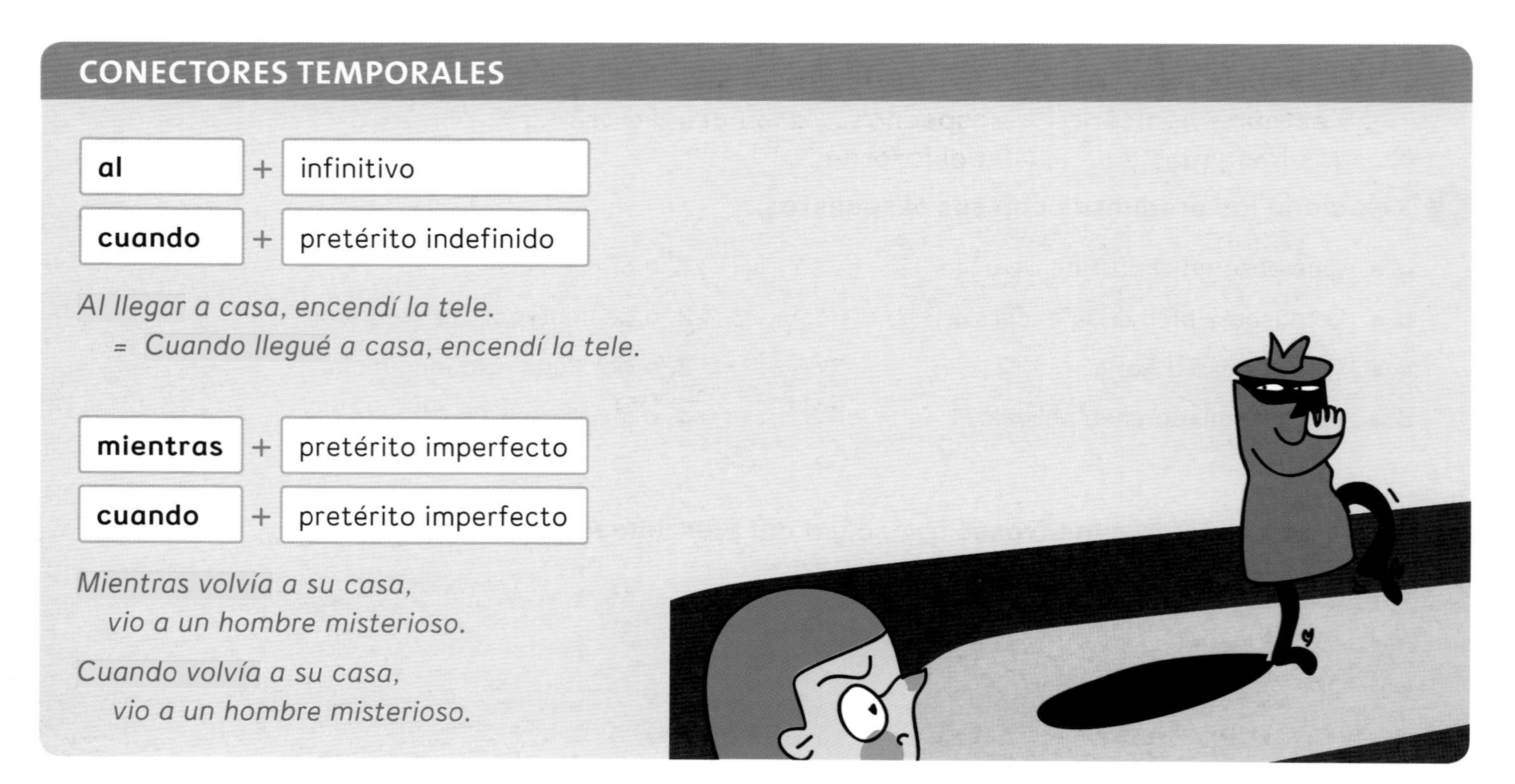

al	+	infinitivo
cuando	+	pretérito indefinido

Al llegar a casa, encendí la tele.
= *Cuando llegué a casa, encendí la tele.*

mientras	+	pretérito imperfecto
cuando	+	pretérito imperfecto

Mientras volvía a su casa, vio a un hombre misterioso.
Cuando volvía a su casa, vio a un hombre misterioso.

7 Escribe **el verbo adecuado en cada frase.**

a. se fue / se iba
Cuando llegué a casa, Iván ...., pero al verme se quedó.
Cuando llegué a casa, Iván ....; solo pude decirle adiós.

b. perdió / perdía
Cuando el equipo .... el partido, marcó dos goles y ganó.
Cuando el equipo .... el partido, Pedro decidió dejar el fútbol.

8 Conjuga **estos verbos en el tiempo verbal adecuado.**

llegar | preparar | ~~hablar~~ | entrar | sonar

a. Sara se sentía ridícula al *hablar* español.
b. Mientras Alberto .... la cena, tuvo un presentimiento.
c. Cuando .... el timbre, terminaron las clases.
d. Al .... en casa, vi que no había nadie.
e. Cuando .... a la biblioteca, vieron que estaba cerrada.

ESTAR EN IMPERFECTO + GERUNDIO

estar (en imperfecto) + gerundio → Para describir una acción en curso en el pasado.

El niño estaba llorando.

Cuando llegué, todo el mundo estaba trabajando.

9 **El detective Palomo investiga la muerte de un gato.**
¿Qué estaban haciendo los sospechosos a la hora del crimen?
Mira **las imágenes y** completa **el informe.**

Sofía

Miguel

Luis

Andrés

Sita

Sofía → *estaba jugando con la consola en su habitación.*
Miguel → ....
Luis → ....
Andrés → ....
Sita → ....

MIS PALABRAS

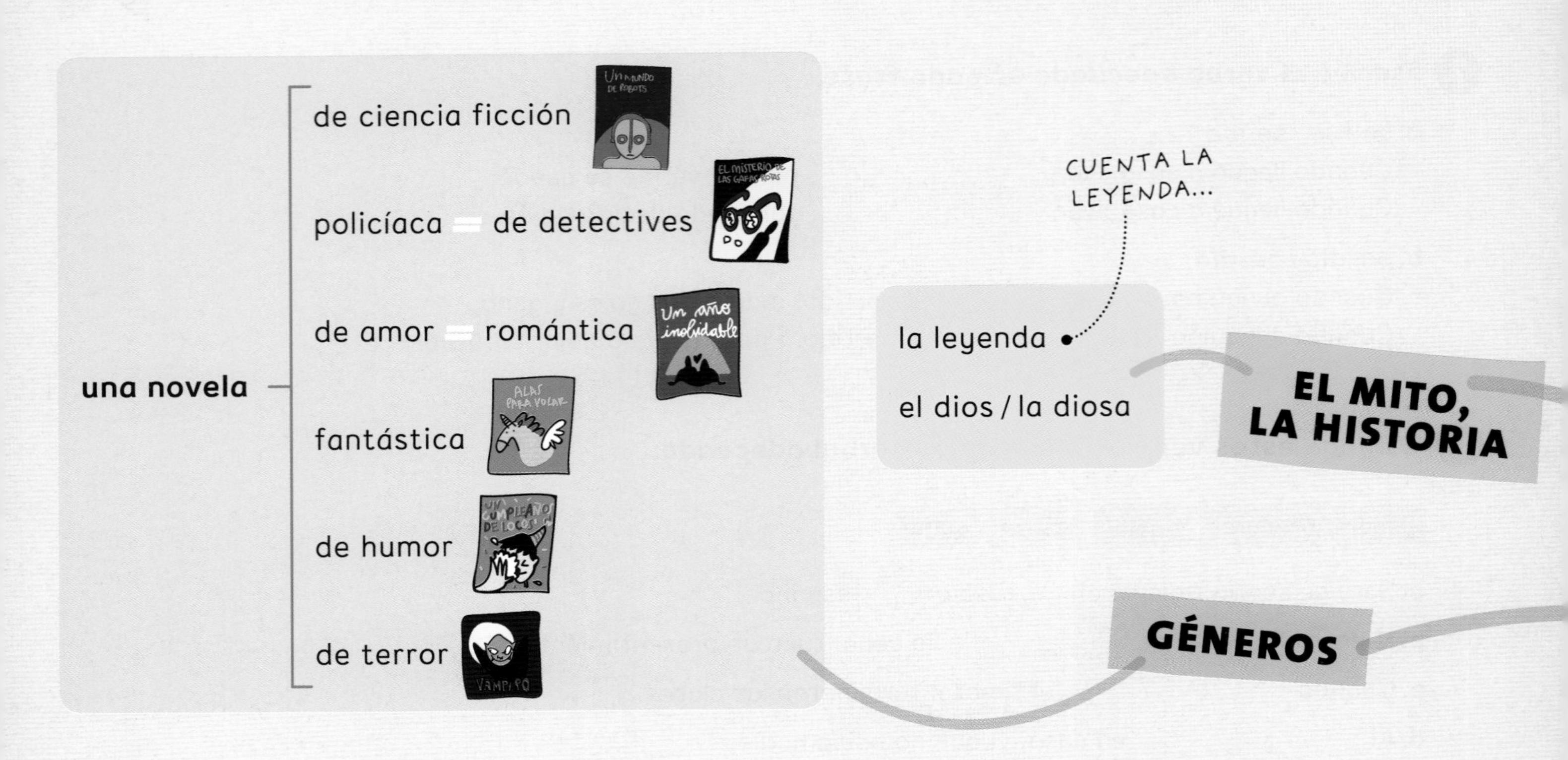

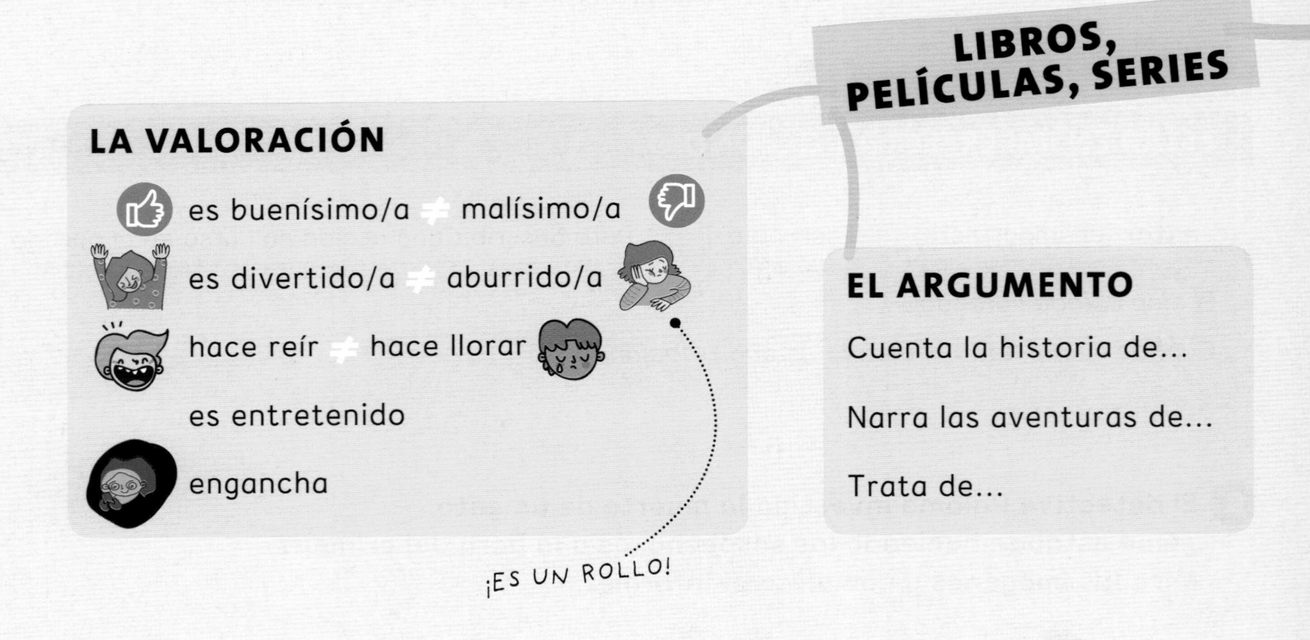

LOS GÉNEROS NARRATIVOS

1 Escribe **qué tipo de novela recomendarías a estas personas.**

a. Me gustan las historias que me hacen pasar miedo. → *Una novela de terror.*

b. Me encanta reírme con los libros que leo. → ....

c. Me gusta resolver misterios. → ....

d. Me gustan los mundos futuristas. → ....

e. Me gustan las historias de gente que se enamora. → ....

f. Me gusta lo mágico y lo imaginativo. → ....

FICCIONES

IMÁGENES MÁGICAS

LA NATURALEZA

 el río

 la cascada

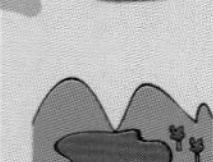 la laguna

ES COMO UN LAGO, PERO MÁS PEQUEÑA.

 el arcoíris

 la flor

 el copo de nieve

 la mariposa

 el ave

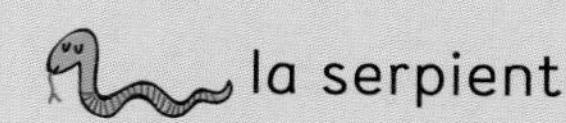 la serpiente

OBRAS

la película	la biografía
el corto(metraje)	el cómic
la serie	el poema
el documental	la novela
la obra de teatro	el cuento

ÉRASE UNA VEZ...

CONTAR ANÉCDOTAS

¿Sabes qué me pasó?	Una vez
¡No te lo vas a creer!	Un día
Total, que...	

REACCIONAR

¡Qué fuerte!	¿De verdad?
¡Qué miedo!	¿En serio?
¡Qué vergüenza!	¿Qué pasó luego?
	¿Qué hiciste?

LA VALORACIÓN

2 Escribe **si estos comentarios son positivos o negativos.**

a. Es una película muy divertida. → *Positivo.*

b. Es una serie que engancha. → ______

c. Es un libro que hace reír. → ______

d. Es una película aburrida. → ______

e. Es un documental muy entretenido. → ______

3 ¡Crea tu propio mapa mental! **Piensa en tus libros, películas o series favoritos y en alguna leyenda que conozcas.**

https://www.laventana.rep

LA VENTANA

~ PERIÓDICO DIGITAL ~

En este número de *La Ventana* hablamos de tres civilizaciones precolombinas.

CIVILIZACIONES PRECOLOMBINAS: SABIDURÍA Y MITOS

Mayas

1 Los mayas tenían grandes conocimientos de astronomía y matemáticas que les permitieron elaborar un calendario muy preciso. Actualmente se conservan varias pirámides, que se utilizaban como santuarios y observatorios
5 astronómicos.

Según su mitología, los dioses crearon a los hombres a partir del maíz. Los mayas jugaban al juego de pelota de forma ritual; con él simbolizaban la vida y la muerte.

↑ Juego de pelota maya en la ciudad de Guatemala (2011)

Aztecas

1 Los aztecas o mexicas formaron uno de los imperios más grandes de la América precolombina. Según sus creencias, la guerra y los sacrificios humanos eran necesarios para apaciguar a los dioses. El nombre de su
5 dios principal, Quetzalcóatl, significa también 'serpiente de plumas' en náhuatl, una lengua que todavía se habla en México. Esta divinidad fue común en toda el área de América Central.

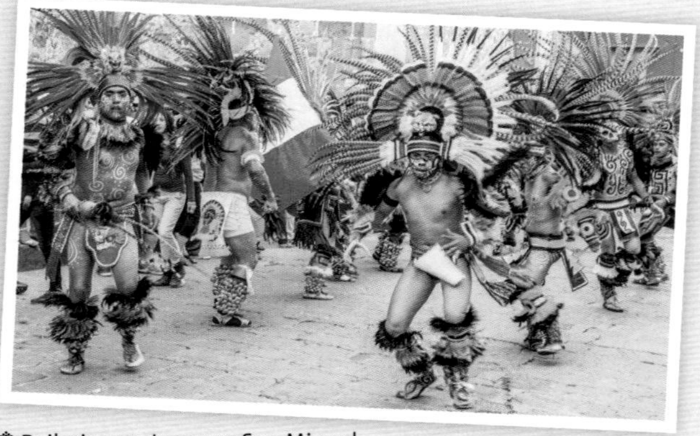

↑ Bailarines aztecas en San Miguel de Allende, México (2015)

Incas

1 El emperador de los incas, llamado Inca, vivía en la ciudad sagrada de Cusco (Perú) y era considerado hijo del Sol. El Inca era adorado como un dios, así como adoraban al Sol (Inti), a la Luna (Mama Quilla)
5 y a la Tierra (Pachamama). En honor de Inti, en el solsticio de verano se celebraba el Inti Raymi, una fiesta que actualmente se sigue celebrando para recordar aquella ceremonia.

↑ Celebración del Inti Raymi en Cusco, Perú (2015)

VISITAMOS CARTAGENA DE INDIAS

VÍDEO
DVD 5

↑ Rubén Alonso, *Cartagena City Tour Colombia* (2017)

1 **¿Por qué los mayas pudieron elaborar un calendario preciso?**

2 **¿Qué lengua aún viva usaban los aztecas?**

3 **Según los incas, ¿qué importancia tenía el emperador?**

4 **Mira el mapa y compáralo con el mapa del final del libro.**
¿En qué países actuales se desarrollaron estas civilizaciones?

....
....
....
....
....

5 **Mira el vídeo y responde.**

a. ¿Por qué era importante Cartagena durante la época colonial?

....
....

b. ¿Qué aspecto de la ciudad destacó la Unesco?

....
....

¡Eres periodista!

Vas a crear una presentación digital de una civilización precolombina.

1. Busca en internet más información de una de las civilizaciones de esta página: religión, costumbres, juegos, alimentación, monumentos, etc.
2. Escribe la información más importante en diapositivas.
3. Añade dibujos o fotos para ilustrar las diapositivas.

Educación para el medio ambiente

LA INVASIÓN DEL PLÁSTICO

¡SALVA EL MEDITERRÁNEO DE LA INVASIÓN DE PLÁSTICOS!

Los océanos están llenos de plásticos, incluso se habla de una gran isla de plásticos en el Pacífico, pero no una isla sobre la que te puedes poner de pie, sino que es más bien una sopa de plásticos y microplásticos. También aquí en el Mediterráneo tenemos una isla de plásticos.

Y ¿de dónde vienen todos esos plásticos? Me he dado cuenta de que desde que me levanto hasta que me acuesto estoy rodeada de plásticos: mi botella de champú, el gel de baño, la pasta de dientes… y sigo moviéndome por mi casa, saliendo a la calle y cada vez hay más cosas de plástico de un solo uso que están en mis manos solo unos segundos.

En los océanos, entran una media de 8 millones de toneladas de plástico cada año a nivel mundial. Esta gran cantidad de material plástico ahoga nuestros mares y pone en peligro la supervivencia de especies enteras, como tortugas, ballenas, peces y aves marinas. Llegan hasta ahí por el mal reciclado, por las corrientes de aire, por los ríos… más todo lo que nos olvidamos en la playa o en la costa.

Nuestra sociedad sigue aumentando, año a año, la producción y consumo de plásticos y debemos hacer un cambio. Como ciudadanas tenemos que pensar en alternativas al plástico: como dejar de usar bolsas de plástico de un solo uso, no usar cubiertos ni vasos de plástico de usar y tirar o no coger las pajitas para los refrescos. ¡Y reciclar!

↑ Celia Ojeda, Greenpeace (2017)

1 Reflexiona. **¿Cuántos objetos de plástico has utilizado hoy? ¿Qué has hecho con ellos después de usarlos?**

2 Lee **el artículo y** responde.

a. ¿Qué forman los residuos de plástico en mares y océanos?

b. ¿De dónde provienen los plásticos de los océanos?

c. ¿Qué consecuencias negativas tiene esta basura en el mar?

d. ¿Qué podemos hacer los ciudadanos para reducir el consumo de plástico?

3 Opina. **¿Crees que es posible cambiar esta situación? Justifica tu respuesta.**

4 Actúa. **Confecciona con tus compañeros/as una lista de cinco reglas para reducir los residuos de plástico.**

Taller 1 • LECCIÓN 1

MIS LIBROS Y PELIS FAVORITOS

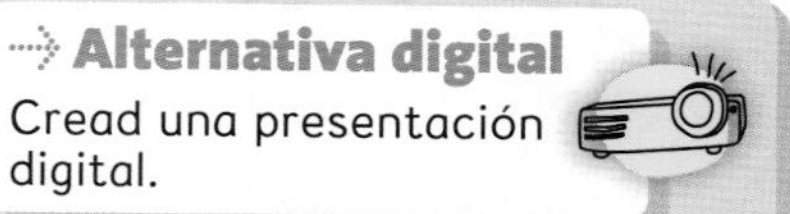

→ **Alternativa digital**
Cread una presentación digital.

Nos preparamos

1. Entre todos, vais a crear un **póster de vuestras obras preferidas**.
2. Cada alumno/a escoge un libro, película o serie y **crea una ficha** con un pequeño resumen y una imagen.

Lo creamos

3. Juntad todas las fichas y **clasificadlas según el género**. Colgadlas en la clase.

Lo presentamos

4. Leed las fichas de vuestros compañeros. **¿Qué libro os gustaría leer? ¿Qué película o serie os gustaría ver?**

Título: *Harry Potter y la piedra filosofal*
Autora: J. K. Rowling
Género: de aventuras
Resumen: ...

Taller 2 • LECCIÓN 2

ESCRIBIMOS HISTORIAS MÁGICAS

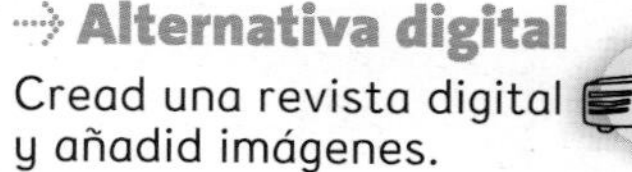

→ **Alternativa digital**
Cread una revista digital y añadid imágenes.

Nos preparamos

1. **Imagina una escena mágica**. Puedes inspirarte en una frase o en una imagen.
➲ Aprovecha la actividad 1 de la p. 39.

Lo creamos

2. **Escribe una pequeña historia** mezclando elementos reales y mágicos. Usa los **conectores** de las lecciones 1 y 2.

Lo presentamos

3. **Cread una revista** con todas las historias. ¡Podéis repartir ejemplares en las clases de Español!

Taller 3 • LECCIÓN 3

DESCUBRIMOS LEYENDAS PRECOLOMBINAS

→ **Alternativa no digital**
Graba tu presentación en audio o en vídeo.

Nos preparamos

1. En parejas, **leed la leyenda** precolombina que os dará vuestro/a profesor/a.

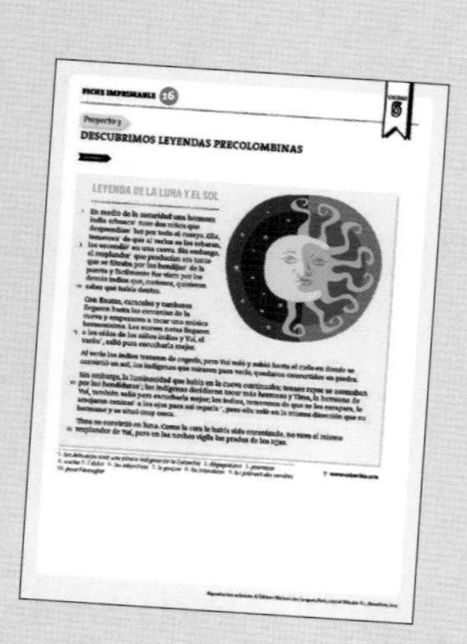

DESCUBRIMOS LEYENDAS PRECOLOMBINAS

LEYENDA DE LA LUNA Y EL SOL

Lo creamos

2. Vais a crear una **versión de la leyenda** en forma de cómic, de presentación digital de cuento para niños, de obra de teatro... Podéis usar fragmentos del texto.

Lo presentamos

3. **Exponed y representad** las distintas versiones en la clase. ¿Cuál es la más bonita? ¿Y la más original?

UNIDAD 3
El mundo del mañana

Vista de Salamanca desde el río Tormes

LECCIÓN 1

Hablo de... lo que pasará en el mundo del futuro.

- El futuro
- Marcadores temporales: **dentro de**, **en**...
- El medio ambiente
- La tecnología
- Los indefinidos: **algún/a**, **nadie**...

Taller de lengua 1
Redactamos un número de la revista *Ciencia y Vida*.

LECCIÓN 2

Hablo de... estudios, profesiones y aptitudes.

- Las profesiones
- Las aptitudes
- El condicional

Taller de lengua 2
Presentamos una profesión que nos gustaría ejercer más adelante.

LECCIÓN 3

Me preparo para... el mundo del trabajo.

- Las ofertas de trabajo
- Las entrevistas de trabajo
- El **se** impersonal
- El **si** condicional
- Los indefinidos: **alguien**
- Los conectores

Taller de lengua 3
Representamos una entrevista de trabajo.

LA VENTANA
PERIÓDICO DIGITAL
Hablamos del *Lazarillo de Tormes* y de la ciudad de Salamanca.

Conocemos una iniciativa de participación social.

En esta unidad nos habla Adrián desde Salamanca (España).

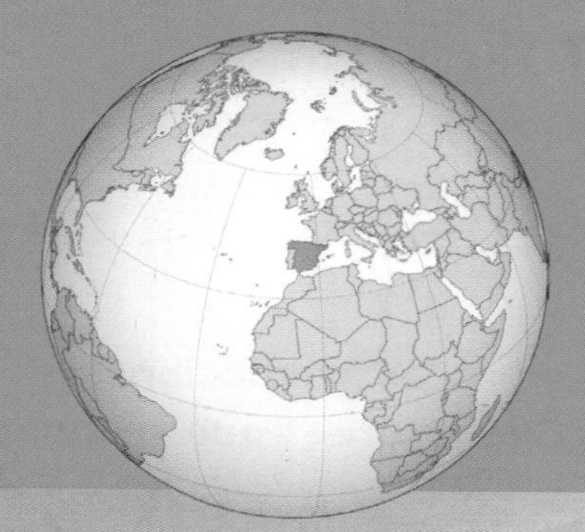

Adrián
¿Qué hacéis este verano? 13:25

Gabriel
Yo voy a ir a unos campamentos de deporte. 💪 13:45

Alba
Yo voy a ir a Estados Unidos a aprender inglés. ¡Quiero ser traductora! 😄 14:20

Adrián
¡Ya lo tenéis todo planeado! Yo todavía no tengo ni idea... Me gustaría ir a un campamento, pero necesito ganar dinero... 😔 14:40

Alba
¿Por qué no das clases de mates? 😄 14:41

Adrián
¿Yoo? ¡Ja, ja! Con mi nivel de mates, me voy de vacaciones... ¡dentro de 20 años! 😂 14:43

¡EN MARCHA!

1 **Lee el chat. ¿A quién se refiere cada frase?**

a. Va a hacer una actividad deportiva. *Gabriel*
b. Va a practicar un idioma. Alba
c. Va a prepararse para su futura profesión. Alba
d. No sabe qué va a hacer. Adrián

2 **Escucha la entrevista a Adrián. ¿Cómo se imagina el futuro?**

pista 11

a

b

¿SABES QUE...?

La Universidad de Salamanca (fundada en el siglo XIII) es la universidad más antigua de España y una de las más antiguas de Europa. Cada año recibe a muchos estudiantes extranjeros que quieren aprender español.

¿CÓMO SERÁ EL FUTURO?

1 Lee **estas predicciones. ¿Cuáles crees que se cumplirán?**

1 EN EL FUTURO DESAPARECERÁN LAS FRONTERAS

2
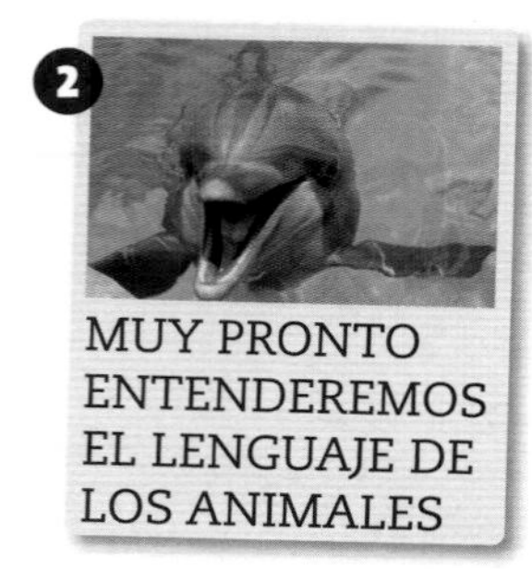
MUY PRONTO ENTENDEREMOS EL LENGUAJE DE LOS ANIMALES

3

Dentro de poco dejaremos de usar dinero en efectivo

4 EN LA PRÓXIMA DÉCADA AUMENTARÁ EL USO DE ENERGÍAS RENOVABLES

5 EN 2026 SE CONSTRUIRÁ UNA CIUDAD EN MARTE

- *Yo creo que cada vez utilizaremos menos el dinero en efectivo…*

2 Relaciona **los titulares con sus causas o consecuencias.**

a. … **porque** todos los pagos serán digitales. ☐
b. … **así que** ningún ser humano será ilegal. 1
c. … **por eso** podremos cuidarlos mejor y aprender de ellos. 2 ☐
d. … **así que** podremos ir de vacaciones al espacio. ☐
e. … **porque** se agotarán los recursos no renovables. ☐

3 Escribe **predicciones para dos de estos temas.**

el transporte | la comida | los años de vida | la educación

a. *En el futuro comeremos…* ....
b. ....

EL JUEGO DEL FUTURO. Una persona le lanza una pelota a otra y dice una palabra. Quien la recibe tiene que decir una frase con esta palabra sobre lo que cree que pasará en el futuro.

¡Árboles!

Habrá muchos árboles en las ciudades.

MIS PALABRAS

aumentar ≠ disminuir
desaparecer
dejar de

en efectivo

→ Palabras, p. 63

MI GRAMÁTICA

EL FUTURO

	SER
(yo)	seré
(él, ella)	será
(nosotros/as)	seremos

EL FUTURO IRR.

PODER → podré, podrás…
TENER → tendré, tendrás…
HABER → habré, habrás…
HACER → haré, harás…

MARCADORES TEMP.

dentro de 5 años = **en** 5 años
en el futuro

→ Gramática, p. 58

RECUERDA

CONECTORES
así que

MI GRAMÁTICA

CONECTORES
porque
por eso

→ Gramática, p. 60

habrá = there will be

¿UTOPÍA O DISTOPÍA?

1 Observa **esta ilustración. ¿Cómo será Barcelona en el año 2100?** Decide **si las afirmaciones son verdaderas (V) o falsas (F).** Justifica **tus elecciones.**

Cristina Curto Teixidó, *Barcelona 2100, realidad aumentada y soledad digital* (2015)

a. Nadie podrá respirar sin máscaras. → V ☒F

b. No habrá ningún árbol sano. → ☒V F

c. Todo el mundo estará siempre conectado a algún aparato electrónico. → ☒V F

d. La ciudad estará bajo las aguas del mar. → V F

- *Yo creo que sí se podrá respirar porque en el dibujo hay...*

habrá no colores en el cielo azul.
los immeubles serán moderno.

MIS PALABRAS

el aire
estar conectado/a
el correo

→ Palabras, p. 63

2 Escribe **dos características más que tendrá la ciudad de la ilustración.**

realidad aumentada | gente aislada | drones | contaminación

a. ....

b. ....

MI GRAMÁTICA

LOS INDEFINIDOS
nadie
ningún árbol
algún aparato

→ Gramática, p. 59

3 **¿Qué visión del futuro creéis que da la ilustración: optimista o pesimista? ¿Por qué?** Comentadlo **en clase.**

- *A mí me parece una visión... porque...*

Taller de lengua 1
UN NÚMERO DE LA REVISTA *CIENCIA Y VIDA* → p. 67

¿QUÉ TE GUSTARÍA SER?

 **1 Mira el cartel y fíjate en las iniciales FP (Formación Profesional). ¿Cuál es el objetivo de esta campaña?**

- *El objetivo es...*

↑ Ministerio de Educación, Cultura y Deporte, España (2012)

MIS PALABRAS

el / la carpintero/a
el / la fontanero/a
el / la administrativo/a
el / la cocinero/a
el / la monitor/a de...

→ Palabras, p. 62

MI GRAMÁTICA

EL CONDICIONAL

Me gustaría trabajar en algo creativo.

→ Gramática, p. 60

 **2 Mira el cartel y responde.**

a. ¿Cuáles de estas profesiones no están representadas?

técnico/a de sonido ☐ enfermero/a ☒ carpintero/a ☐
fotógrafo/a ☐ peluquero/a ☐ mecánico/a ☐ médico/a ☐

b. ¿Y a ti qué te gustaría ser? Coméntalo con tus compañeros/as.

 **3 Mira la imagen y fíjate en lo que dice Yolanda. ¿A qué crees que se dedica?**

- *Creo que Yolanda es...*

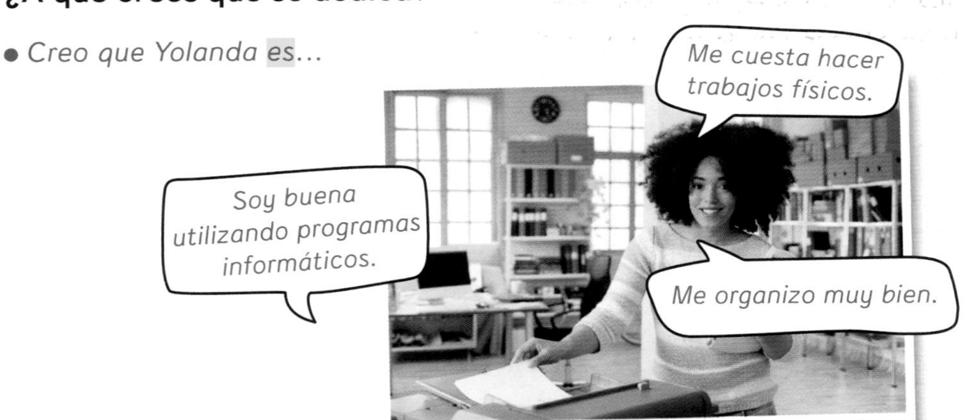

MIS PALABRAS

¿A qué te dedicas?
Soy...
me cuesta/n
(no) soy bueno/a (con)
saco buenas / malas notas en

→ Palabras, p. 62

4 ¿Y TÚ? ¿En qué eres bueno/a? ¿Qué cosas te cuestan?

Yo soy muy bueno/a con..., pero me cuesta...

DESPUÉS DE LOS ESTUDIOS

pista 12

1 Escucha **la entrevista de Antonio con su orientadora pedagógica. ¿Cuál de estas profesiones crees que podría elegir?**

ingeniero ☐ psicólogo ☐ arquitecto ☐
abogado ☐ periodista ☐ profesor ☐

- *Antonio podría ser...*

2 Lee **las fichas. ¿Qué profesiones podrían elegir?**

enfermero/a periodista profesor/a

ADRIÁN
Gustos: Leer, escribir, hablar de la actualidad
Asignaturas que le van mejor: Inglés y Francés
Carácter: Abierto, le gusta hablar con gente nueva
Cómo se imagina en el futuro: Quiere hacer muchas cosas, viajar...

Adrián podría ser...

CAROLINA
Gustos: Leer, pintar, la historia y las leyendas
Asignaturas que le van mejor: Arte y Literatura
Carácter: Muy curiosa y creativa
Cómo se imagina en el futuro: Le gustaría trabajar con niños o con adolescentes

Carolina podría ser...

GABRIEL
Gustos: El deporte y la vida sana
Asignaturas que le van mejor: Ciencias
Carácter: Positivo, optimista, solidario, le gusta ayudar a la gente
Cómo se imagina en el futuro: Quiere ayudar a la gente

Gabriel podría ser...

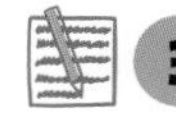

3 Crea **una ficha como las anteriores sobre ti. Después,** intercámbiala **con la de tu compañero/a. ¿Qué profesión podría elegir? ¿Por qué?**

- *Yo creo que podrías ser médica, ayudarías a otras personas...*

COMPARTIMOS EL MUNDO

En España, después de los cuatro años de la Educación Secundaria Obligatoria (ESO), existen dos posibilidades para seguir estudiando: hacer dos años de bachillerato y después ir a la universidad, o hacer un ciclo de formación profesional.

¿Cómo es en tu país? ¿Se parece al sistema español?

MI GRAMÁTICA

EL CONDICIONAL

	AYUDAR
(yo)	ayudaría
(tú)	ayudarías
(él, ella)	ayudaría
	COMER
(yo)	comería
(tú)	comerías
(él, ella)	comería
	IR
(yo)	iría
(tú)	irías
(él, ella)	iría

EL CONDICIONAL IRR.
HACER → **haría, harías...**
TENER → **tendría, tendrías...**

→ Gramática, p. 60

Taller de lengua 2
DE MAYORES SEREMOS... → p. 67

OFERTAS DE TRABAJO

 **1** Lee **estas ofertas de trabajo.**
¿Te podrías presentar a alguno de los puestos? ¿Por qué?

a 

PASEADOR/A DE PERROS

Necesito a una persona para pasear a mi perro durante una semana (desde el sábado 23 hasta el viernes 29 de este mes). Estaremos fuera y necesitamos a alguien para pasearlo dos veces al día.

b CANGURO

Necesito a alguien para recoger a mi hijo de 6 años del colegio, darle la merienda y jugar con él un rato. Desde las 16 h hasta las 18:45 h, de lunes a viernes. Es preferible haber trabajado anteriormente con niños.

 **c** 

REPARTIDOR/A PARA PIZZERÍA

Se buscan repartidores para pizzería. Jornada de 3-4 horas al día durante fines de semana (6-8 horas semanales). Horario flexible. No se requiere experiencia laboral. Indispensable permiso de conducir de moto de 50 cc.

MI GRAMÁTICA

EL SE IMPERSONAL

Se busca **un/a** canguro.

Se buscan repartidor**es**/**as**.

LOS INDEFINIDOS

Necesito **a alguien** con experiencia.

→ Gramática, p. 59, 61

RECUERDA

LA DURACIÓN

desde... hasta

durante

 **2** **Alba ha escrito una carta de motivación.**
¿A cuál de los puestos se presenta?
¿Cumple con los requisitos que se piden? Justifícalo**.**

Alba quiere trabajar como...

De: alba_2003@reporteros.es
Asunto: Oferta de trabajo

Estimados señores:

Me gustaría trabajar en su empresa como ▬▬▬▬. Este año he terminado el 4.º curso de la ESO y, aunque nunca he trabajado, soy una persona muy activa y estoy muy motivada para empezar. Tengo el permiso de conducir para motos desde hace un año y estoy libre los fines de semana.
Espero que tengan en cuenta mi candidatura. Estoy a su disposición para una entrevista.

Atentamente,
Alba Siddiki

MIS PALABRAS

- el / la paseador/a (de perros)
- el / la canguro
- el / la repartidor/a
- la entrevista
- activo/a
- motivado/a
- responsable

→ Palabras, p. 62, 63

RECUERDA

- trabajador/a
- tranquilo/a
- independiente
- sociable

 **3** Elige **una de las ofertas y** escribe **una carta de motivación en tu cuaderno.**

EL VERANO DE ARTURO

1 **Arturo va a trabajar este verano.**
Fíjate en las tareas que tendrá que hacer.
¿Qué trabajo crees que ha solicitado?

au pair ☐ camarero ☐ profesor de español ☐

Estaré en un país extranjero.

Prepararé comidas sencillas.

Cuidaré a dos niños.

Hablaré español a dos niños.

Tendré que ser muy responsable.

2 **Escucha la entrevista de trabajo de Arturo y responde.**

pista 13

a. ¿Por qué Arturo tiene que hablar alemán? ....

....

b. ¿Qué sueldo le ofrecen? ....

....

c. Al final, ¿consigue el trabajo? ....

....

pista 13

3 **Vuelve a escuchar la entrevista.**
Clasifica estas preguntas. ¿Quién las hace: la entrevistadora o el entrevistado?

¿Por qué te interesa este trabajo?	
¿Cuál sería el sueldo?	
¿Tienes experiencia con niños?	
¿Cuándo empezaría?	
¿Qué nivel de alemán tienes?	

MIS PALABRAS

- el puesto (de trabajo)
- el sueldo
- el nivel de alemán / inglés
- *x* euros la hora / a la semana / al mes
- *au pair*

→ Palabras, p. **62**, **63**

MI GRAMÁTICA

EL SI CONDICIONAL

Si saco buenas notas, este verano **iré** un mes a España.

→ Gramática, p. **61**

Taller de lengua 3
UNA ENTREVISTA DE TRABAJO → p. 67

EL FUTURO

Formación

VIAJAR	COMER	IR
viajaré	comeré	iré
viajarás	comerás	irás
viajará	comerá	irá
viajaremos	comeremos	iremos
viajaréis	comeréis	iréis
viajarán	comerán	irán

Algunos verbos tienen una raíz irregular en el futuro imperfecto, pero las terminaciones son las mismas que las de los verbos regulares.

HACER
haré
harás
hará
haremos
haréis
harán

hacer →	**har-**	salir →	**saldr-**
decir →	**dir-**	venir →	**vendr-**
querer →	**querr-**	tener →	**tendr-**
haber →	**habr-**	poder →	**podr-**
saber →	**sabr-**	poner →	**pondr-**

Uso

Se emplea el futuro para predecir qué va a pasar.

En el futuro viviremos más de 150 años.

Marcadores temporales

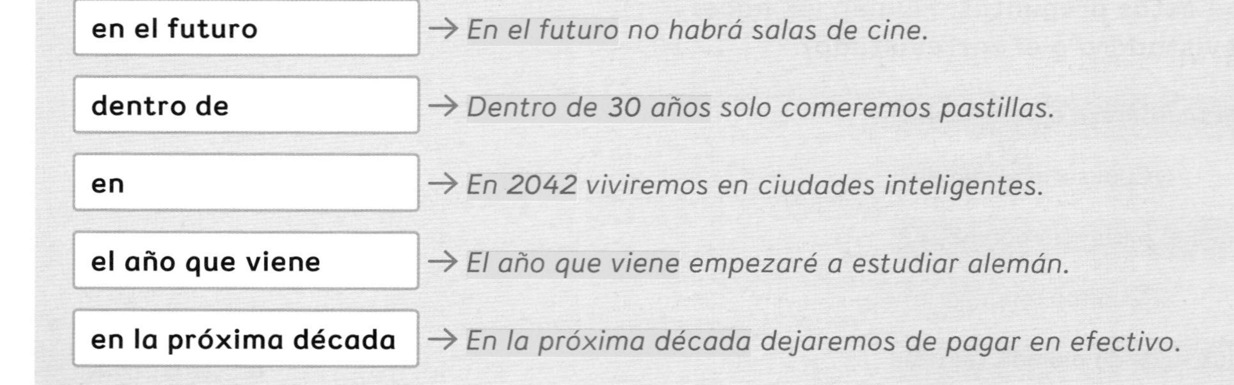

en el futuro → *En el futuro no habrá salas de cine.*

dentro de → *Dentro de 30 años solo comeremos pastillas.*

en → *En 2042 viviremos en ciudades inteligentes.*

el año que viene → *El año que viene empezaré a estudiar alemán.*

en la próxima década → *En la próxima década dejaremos de pagar en efectivo.*

1 Completa **las frases con el verbo correspondiente en futuro.**

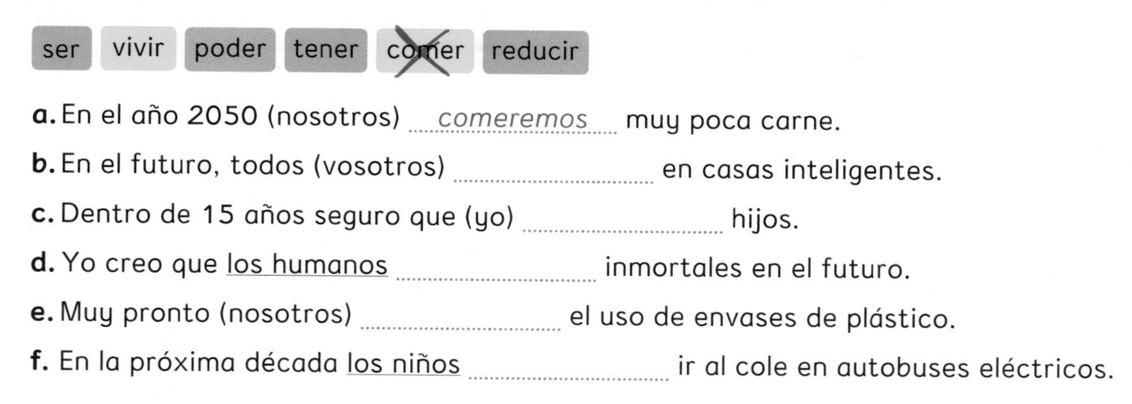

ser | vivir | poder | tener | ~~comer~~ | reducir

a. En el año 2050 (nosotros) *comeremos* muy poca carne.

b. En el futuro, todos (vosotros) .... en casas inteligentes.

c. Dentro de 15 años seguro que (yo) .... hijos.

d. Yo creo que los humanos .... inmortales en el futuro.

e. Muy pronto (nosotros) .... el uso de envases de plástico.

f. En la próxima década los niños .... ir al cole en autobuses eléctricos.

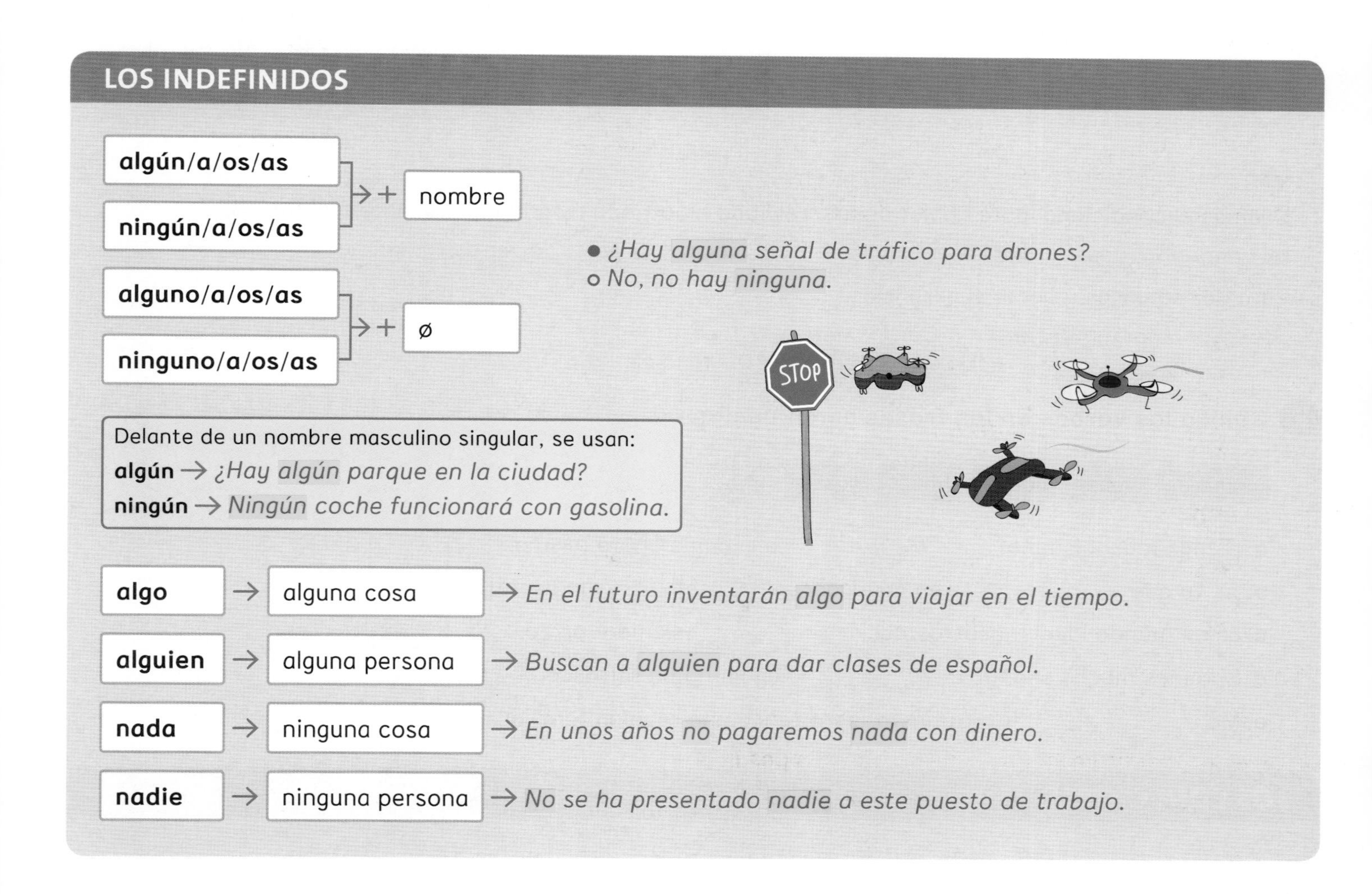

LOS INDEFINIDOS

algún/a/os/as, **ningún/a/os/as** → + nombre

alguno/a/os/as, **ninguno/a/os/as** → + ø

- *¿Hay alguna señal de tráfico para drones?*
- *No, no hay ninguna.*

Delante de un nombre masculino singular, se usan:
algún → *¿Hay algún parque en la ciudad?*
ningún → *Ningún coche funcionará con gasolina.*

algo	→	alguna cosa	→ *En el futuro inventarán algo para viajar en el tiempo.*
alguien	→	alguna persona	→ *Buscan a alguien para dar clases de español.*
nada	→	ninguna cosa	→ *En unos años no pagaremos nada con dinero.*
nadie	→	ninguna persona	→ *No se ha presentado nadie a este puesto de trabajo.*

2 Completa **las frases con el indefinido adecuado.**

algún | alguien | nadie | ninguno | ~~ninguna~~

a. No tienes *ninguna* excusa para no reciclar.

b. Quieren a .... con más de 18 años.

c. • ¿Has encontrado .... trabajo para el verano?
o No, no me gusta .... de los que he visto.

d. Dentro de 20 años .... leerá libros en papel.

EL CONDICIONAL

Formación

VIAJAR	COMER	IR
viajaría	comería	iría
viajarías	comerías	irías
viajaría	comería	iría
viajaríamos	comeríamos	iríamos
viajaríais	comeríais	iríais
viajarían	comerían	irían

HACER
haría
harías
haría
haríamos
haríais
harían

Como en el futuro, las formas irregulares en el condicional están en la raíz, no en la terminación.
Los verbos irregulares en el condicional son los mismos que en el futuro:
hacer → haría
tener → tendría
haber → habría
decir → diría

Uso

Usamos el condicional para hablar de una realidad hipotética referida al presente o al futuro.

En un mundo ideal, no habría pobreza. *De mayor, me gustaría ser astronauta.*

Para dar consejos y hacer sugerencias.

Yo, en tu lugar, empezaría a hacer los deberes.

3 Coloca **los verbos en las frases y** conjúgalos.

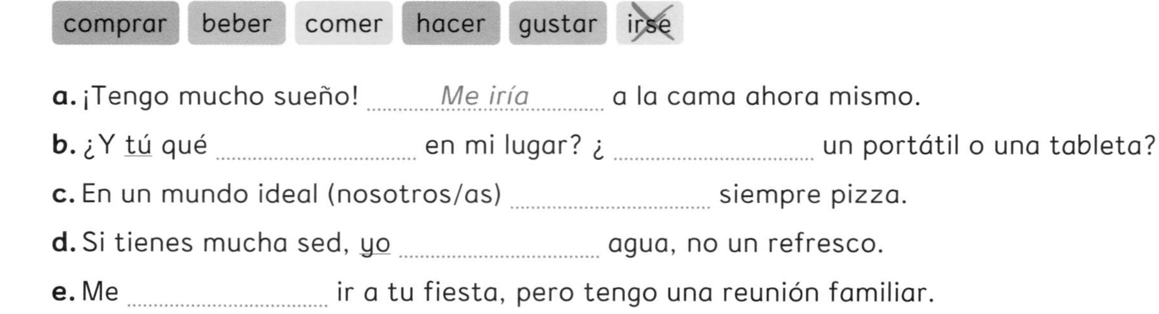

comprar | beber | comer | hacer | gustar | ~~irse~~

a. ¡Tengo mucho sueño! ...*Me iría*... a la cama ahora mismo.
b. ¿Y tú qué .... en mi lugar? ¿.................... un portátil o una tableta?
c. En un mundo ideal (nosotros/as) .... siempre pizza.
d. Si tienes mucha sed, yo .... agua, no un refresco.
e. Me .... ir a tu fiesta, pero tengo una reunión familiar.

LOS CONECTORES

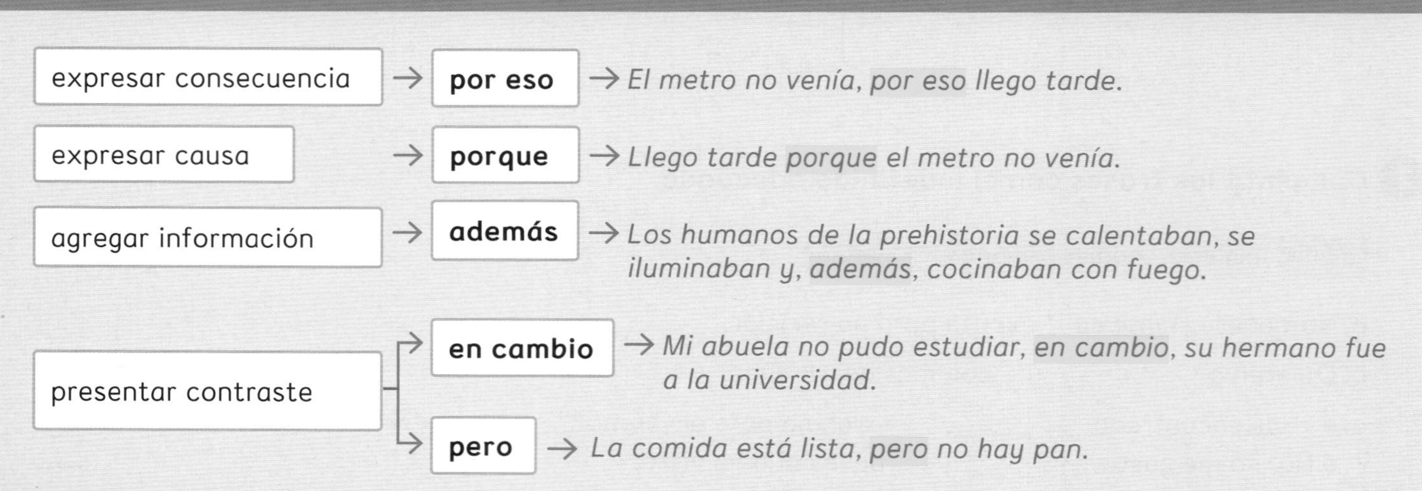

expresar consecuencia → **por eso** → *El metro no venía, por eso llego tarde.*

expresar causa → **porque** → *Llego tarde porque el metro no venía.*

agregar información → **además** → *Los humanos de la prehistoria se calentaban, se iluminaban y, además, cocinaban con fuego.*

presentar contraste → **en cambio** → *Mi abuela no pudo estudiar, en cambio, su hermano fue a la universidad.*

presentar contraste → **pero** → *La comida está lista, pero no hay pan.*

4 Completa **las frases con una palabra o expresión.**

a. Jugaban mucho al fútbol, pero / por eso perdían siempre.

b. Estaba en casa por eso / porque tenía que hacer los deberes.

c. Tenía que hacer los deberes, por eso / porque estaba en casa.

d. Tus abuelos no tenían televisón y eran felices, además / en cambio, vosotros tenéis televisión, radio e internet y no lo sois.

EL **SE** IMPERSONAL

se + 3.ª persona singular / plural

Se requiere experiencia con niños.

Se buscan camareros.

El verbo concuerda con el CD.

5 Escoge **la opción adecuada en cada caso.**

a. En España se cocina / se cocinan con aceite de oliva.

b. En Francia se estudia / se estudian dos lenguas en la escuela.

c. En este curso se aprende / se aprenden muchas cosas.

d. Se hace / Se hacen chaquetas a medida.

e. Se necesita / Se necesitan camareros por las tardes.

f. Para este trabajo se requiere / se requieren permiso de conducir.

EL **SI** CONDICIONAL

Se utiliza **si** para introducir una condición.

si + presente , futuro

Si me compran una moto, te llevaré al instituto.

Si tenemos sufiente dinero, podremos ir al cine.

En la oración introducida por **si**, no puede utilizarse el futuro.
Si ~~iré~~ a España este verano, iré a verte.
Si voy a España este verano, iré a verte.

6 Escribe **frases condicionales con estos elementos.**

a. tener tiempo + ordenar mi habitación (yo) → *Si tengo tiempo, ordenaré mi habitación.*

b. comer mucho + doler la barriga (tú) → ......

c. acostarse tarde + tener sueño (vosotros) → ......

d. aprender a tocar la guitarra + poder tocar en un grupo de rock (vosotras) → ......

MIS PALABRAS

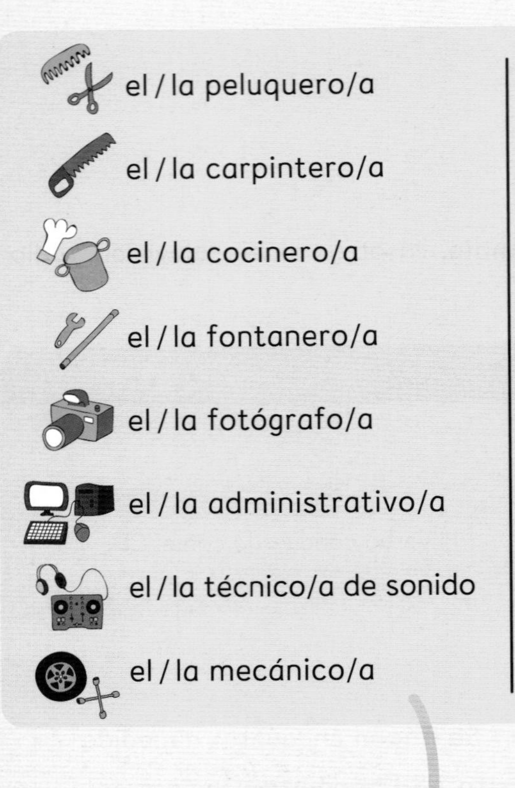

- el / la peluquero/a
- el / la carpintero/a
- el / la cocinero/a
- el / la fontanero/a
- el / la fotógrafo/a
- el / la administrativo/a
- el / la técnico/a de sonido
- el / la mecánico/a

- el / la médico/a
- el / la enfermero/a
- el / la ingeniero/a
- el / la arquitecto/a
- el / la abogado/a
- el / la periodista
- el / la psicólogo/a
- el / la profesor/a

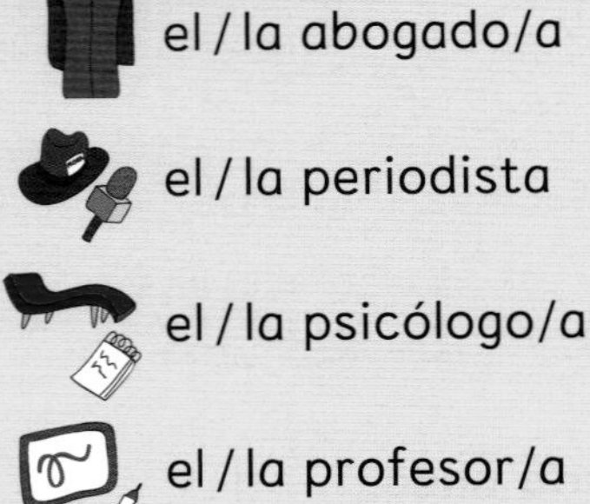

MI PROFESIÓN

MI

sacar buenas / malas notas

me cuesta/n ≠ soy bueno/a con

LA ENTREVISTA DE TRABAJO

¿Por qué te interesa el puesto?

¿Qué nivel de inglés tienes?

¿Tienes experiencia?

¿Cuál es el sueldo?

¿Cuándo empiezo?

Estoy muy motivado/a.

Soy muy responsable.

Tengo muchas ganas de empezar.

LAS PROFESIONES

1 Adivina **de qué profesión se trata.**

a. Repara coches, camiones o motos.

______

b. Defiende a sus clientes en el tribunal.

______

c. Prepara los menús en un restaurante.

______

d. Corta el pelo y peina a la gente.

______

EL MEDIO AMBIENTE

2 Escribe **la versión optimista.**

a. Aumentará la contaminación.

....

....

b. Disminuirá el reciclaje y habrá más residuos.

....

....

c. Aumentará el consumo de gasolina.

....

....

EL MEDIO AMBIENTE

la contaminación

la gasolina

los residuos

la naturaleza

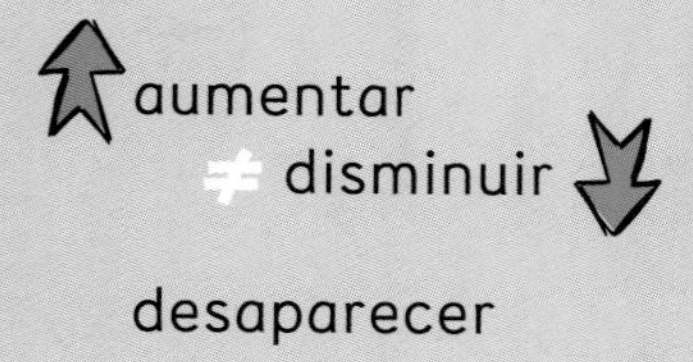
aumentar ≠ disminuir

desaparecer

dejar de

LA TECNOLOGÍA

el aparato electrónico

la realidad aumentada

estar conectado/a

estar aislado/a

FUTURO

EL MUNDO

MI VERANO

LA OFERTA DE TRABAJO

el / la candidato/a

el puesto de trabajo

la carta de motivación

la oferta de trabajo → SE BUSCA...

ganar (dinero)

el horario flexible

tener → un nivel medio / alto de...
→ experiencia → ¡SE REQUIERE EXPERIENCIA!

TRABAJOS

el / la paseador/a de perros

el / la repartidor/a

el / la canguro

el / la *au pair*

LA ENTREVISTA DE TRABAJO

3 Escribe **las preguntas correspondientes.**

a. .... → Tengo un nivel alto, lo entiendo todo.
b. .... → Sí, he ayudado en la tienda de mis padres.
c. .... → Pagamos a 15 euros la hora.
d. .... → Porque me gusta mucho cocinar.

4 ¡Crea tu propio mapa mental! **Personaliza este mapa: piensa en tus proyectos, en las profesiones que te interesan o que tienen las personas que conoces, busca las palabras que necesites y añádelas.**

LA VENTANA

~ PERIÓDICO DIGITAL ~

En este número de *La Ventana* hablamos del *Lazarillo de Tormes* y de la ciudad de Salamanca.

EL TORO DE PIEDRA (*LAZARILLO DE TORMES*)

El *Lazarillo de Tormes* es un clásico de la literatura española. Se trata de una novela anónima escrita en el siglo XVI que cuenta la vida de Lázaro, un niño que nace en el río Tormes, cerca de Salamanca, de una madre muy pobre que lo da a un ciego. A lo largo de su infancia y adolescencia, Lázaro deberá trabajar para diversos amos que a menudo lo maltratan, pero de ellos aprenderá a defenderse y a sobrevivir en un mundo difícil. En un episodio muy famoso, el ciego dice a Lázaro: "El mozo de un ciego un punto ha de saber más que el diablo". Con esta frase, el ciego quiere instruirlo, pero también burlarse de él. Esta novela es un duro retrato de la sociedad de la época.

Lazarillo de Tormes (fragmento), Enrique Lorenzo (2007)

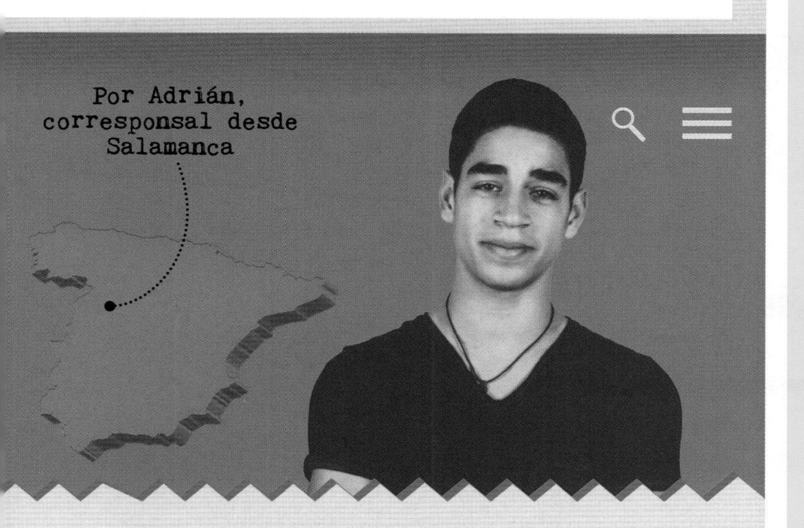

↑ Estatua del *Lazarillo de Tormes* en Salamanca

¡CONOCE SALAMANCA!

↑ Rubén Alonso, *Salamanca City Tour* (2015)

1 Busca **en el diccionario la palabra *lazarillo*. ¿Qué significa?**

....

....

2 Lee **el cómic y el texto, y** completa**.**

1. *Lazarillo de Tormes* es...

a. una novela clásica. ☐

b. una película. ☐

c. un personaje histórico. ☐

2. El ciego quiere enseñar a Lázaro a...

a. ser malo con los demás. ☐

b. defenderse en un mundo difícil. ☐

c. reaccionar ante la mala suerte. ☐

3 Mira **el vídeo y** responde**.**

a. ¿Cómo es la ciudad vieja de Salamanca?

....

....

b. ¿Cuántas catedrales tiene? ¿De cuándo son?

....

....

c. Señala en el fotograma la rana.
¿Qué pasa si alguien la encuentra?

....

....

¡Eres periodista!

Busca la obra de algún/a artista que represente una escena del *Lazarillo de Tormes* y descríbela.

1. Busca en internet "Lazarillo de Tormes" + adaptación.
2. Explica de qué tipo de obra se trata: una pintura, un cómic, una película...
3. Di qué personajes aparecen y descríbelos.
4. Describe qué ocurre en esa escena.

Educación medioambiental

Educación para la participación social

¡HAZTE VOLUNTARIO!

En los últimos años han surgido organizaciones como la Fundación Hazloposible que impulsan la participación de la sociedad en causas solidarias utilizando nuevas tecnologías.

www.hazloposible.org 

¿QUIÉNES SOMOS? | VOLUNTARIADO INTERNACIONAL | VOLUNTARIADO PRESENCIAL | VOLUNTARIADO VIRTUAL

FUNDACIÓN
HAZLOPOSIBLE

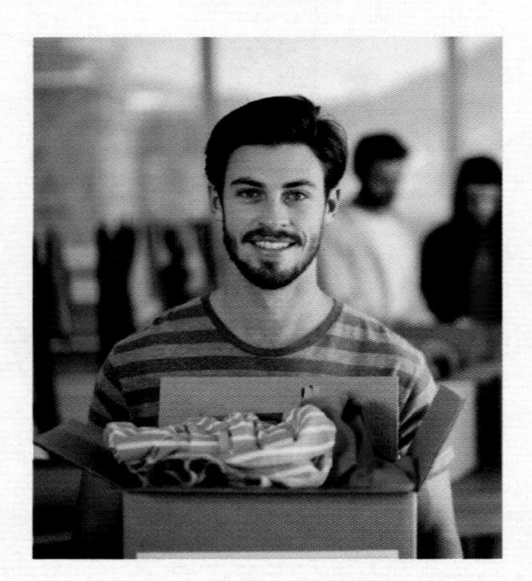

Necesitamos voluntarios para clasificar ropa procedente de donaciones para nuestras tiendas solidarias.

DESCRIPCIÓN

En estas tiendas se ponen a disposición del público diversos artículos: ropa, libros, juguetes y artículos de hogar, entre otros. En ellas se permite acceder a productos especiales a muy bajo precio. Estos establecimientos ayudan a financiar las áreas de trabajo de Ayuda Humanitaria, Proyectos de Desarrollo y Educación para el Desarrollo de la asociación Madre Coraje.
Además, estas tiendas ayudan a dar una segunda vida a los artículos donados, de modo que la generación de residuos se reduce a través de la reutilización.

PERFIL
Personas sensibilizadas con las injusticias del mundo, responsables y dispuestas a aportar algo de su tiempo para contribuir al desarrollo de los más desfavorecidos. Personas interesadas por el mundo de la moda y/o el consumo responsable.

↑ Adaptado de hacesfalta.org

1 Reflexiona. **¿Dónde compras normalmente la ropa? ¿Con qué frecuencia vas de compras?**

2 Lee **el texto y** responde.

a. ¿Entiendes el nombre de la fundación?
b. ¿Qué busca la fundación? ¿Para qué?
c. ¿Qué destino tienen las cosas clasificadas?
d. ¿Por qué es importante esta tarea?
e. ¿Cómo deben ser los voluntarios?

3 Opina. **¿Crees que es importante el papel de los voluntarios? ¿Por qué?**

4 Actúa. **Cread una campaña solidaria. Pensad en una causa (una acción en vuestro barrio o ciudad, por ejemplo) que queráis apoyar. Cread un cartel para describir la acción y conseguir voluntarios.**

Taller 1 • LECCIÓN 1

UN NÚMERO DE LA REVISTA *CIENCIA Y VIDA*

→ **Alternativa digital**
Cread una revista digital.

Nos preparamos

1. Entre todos vais a **crear un número de la revista** *Ciencia y Vida* sobre el futuro.
2. En grupos de tres, pensad un **tema para un artículo**. Uno de los grupos hará **la portada**.

Lo creamos

3. **Escribid vuestro artículo**. Debe tener:
   - un título y un subtítulo
   - un texto de 10 líneas
   - imágenes y pies de foto

Lo presentamos

4. Juntad todos vuestros artículos y **encuadernadlos**. Podéis dejar la revista en la biblioteca de vuestro centro.

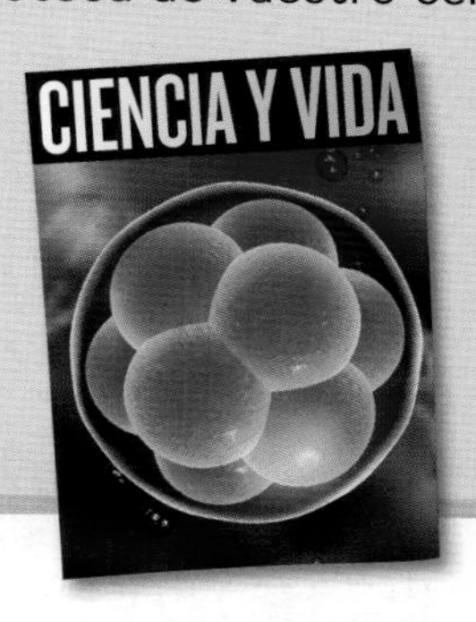

Taller 2 • LECCIÓN 2

DE MAYORES SEREMOS...

→ **Alternativa digital**
Usad un programa de presentaciones con diapositivas.

Nos preparamos

1. **Elegid una profesión** que os parezca interesante y buscad información sobre ella: **en qué consiste**, qué **estudios** hacen falta, cuánto **dinero** se gana...

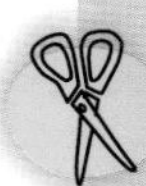

Lo creamos

2. **Diseñad un cartel** para presentar la profesión que habéis elegido. Podéis poner fotos o dibujar.

Lo presentamos

3. **Explicad vuestro cartel** a la clase. ¿Qué profesiones os parecen más interesantes? ¿Por qué?

Taller 3 • LECCIÓN 3

UNA ENTREVISTA DE TRABAJO

→ **Alternativa digital**
Grabad las escenas en vídeo y colgadlas en la web de la escuela.

Nos preparamos

1. En grupos de tres, **pensad en un puesto de trabajo** y repartíos los papeles: un/a entrevistador/a y dos candidatos/as.

Lo creamos

2. El / la entrevistador/a escribe la **oferta de trabajo** y prepara **la entrevista**. Los / las candidatos/as preparan sus posibles respuestas.

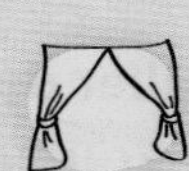

Lo presentamos

3. Representad las dos entrevistas. ¿Quién se queda con el puesto?

UNIDAD 4
Huellas

Vista del río Guadalquivir con la Torre del Oro al fondo

LECCIÓN 1

Hablo de... personas que me han influido.

- Los tiempos del pasado: pretérito perfecto, pretérito indefinido y pretérito imperfecto
- Hablar de recuerdos y hechos pasados
- **Recordar**, **acordarse de**

Taller de lengua 1 Creamos un *collage* con nuestras influencias.

LECCIÓN 2

Descubro... dos bailes típicos: el flamenco y la cumbia.

- Las frases relativas con preposición
- Describir manifestaciones culturales y hablar de sus orígenes

Taller de lengua 2 Hacemos un reportaje sobre un género musical.

LECCIÓN 3

Hablo de... un periodo histórico.

- El pretérito indefinido con raíz irregular
- La huella árabe en España y en el español
- Hablar del origen de las palabras

Taller de lengua 3 Diseñamos un árbol con palabras de diferentes lenguas que se han incorporado al español.

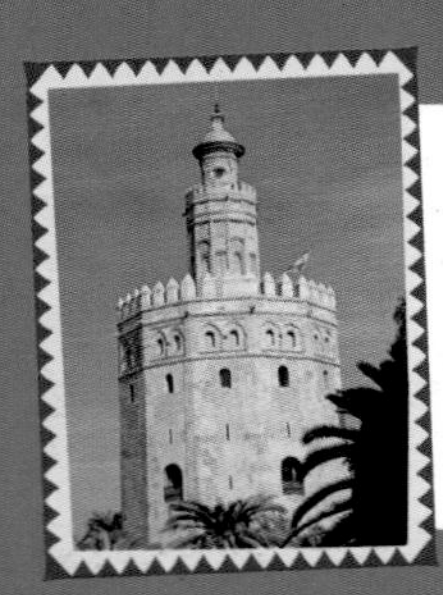

LA VENTANA
PERIÓDICO DIGITAL

Hablamos sobre los monumentos árabes en España.

Aprendemos a consumir de forma justa.

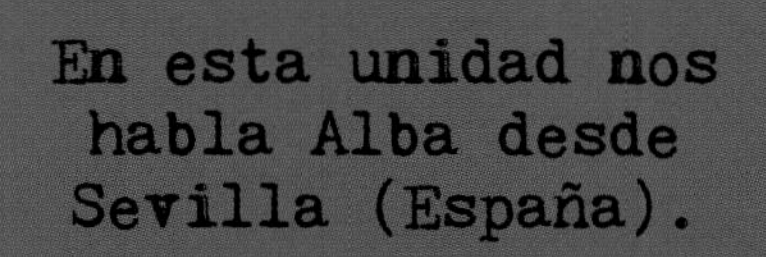
En esta unidad nos habla Alba desde Sevilla (España).

Sevilla

ESPAÑA

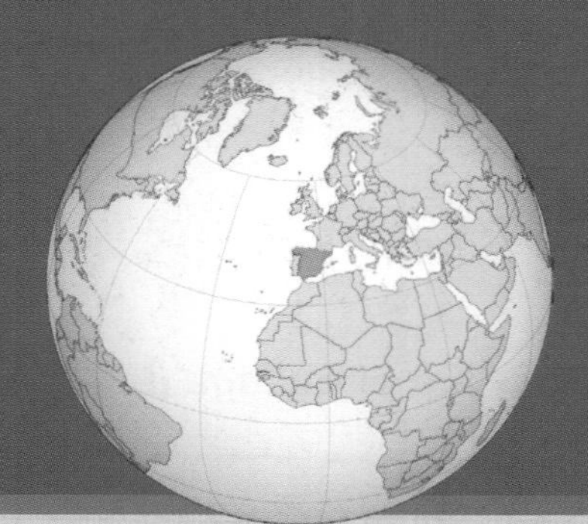

Alba
Preparando la Feria de Abril...

18:38

Carolina
¡Qué bonitos son esos vestidos! ¡Me gustaría probarme uno! 18:41

Junior
La Feria de Abril, ¿qué es? 18:42

Alba
Es una fiesta en la que se baila, se comen cosas típicas, hay caballos... La mejor de Sevilla. 18:59

Alba
Y las chicas nos vestimos de flamencas. 19:02

Junior
¡Me encantaría ir! 19:15

Alba
Ven el año que viene. ¡Te invito! 19:17

¡EN MARCHA!

1 Lee el chat y responde.

a. ¿En qué ciudad se celebra la Feria de Abril? ....

....

b. ¿Qué se hace en la Feria? ....

....

c. ¿Cómo se visten las chicas? ....

....

pista 14

2 Escucha la entrevista y responde.

a. A Alba le gusta la Feria de Abril porque ....

....

b. Alba dice que la Feria de Abril es ....

....

c. Alba dice que la Feria de Abril tiene ....

....

d. ¿La recomienda a los jóvenes de otros países? ....

....

¿SABES QUE...?

Las sevillanas son un tipo de canción y de baile típico de Andalucía, especialmente de Sevilla. Las sevillanas se bailan en parejas y se cantan acompañadas con guitarras y palmas. Es el baile principal de la Feria de Abril.

¡SOY UN PUZLE!

  **Observa el *collage* de Alba y responde a las preguntas.**

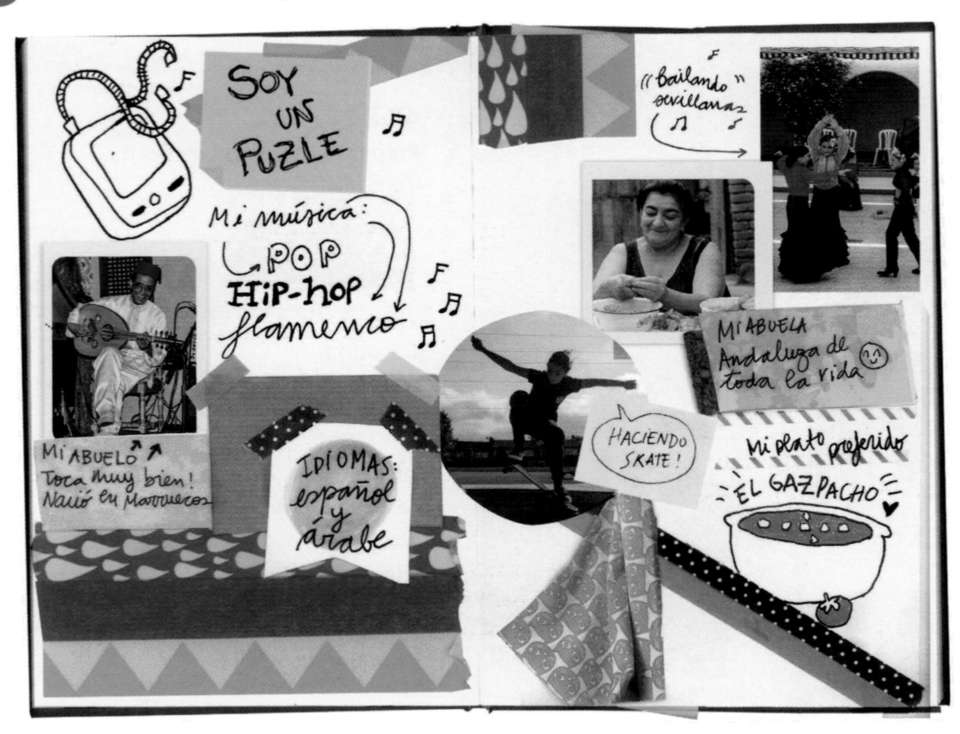

a. ¿Cuál es el tema de su *collage*?

b. ¿Por qué dice Alba que es un "puzle"?

c. ¿Tienes cosas en común con Alba?

  **Escribe en una tabla como esta todo lo que sabes de Alba. Puedes buscar en internet el origen de algunas cosas.**

facetas de alba		origen
música	• laúd (música oriental) • ...	Siria, países árabes
baile y deporte	• sevillanas • ...	España
idiomas		
comida		
familia		

 pista 15

3 Alba ha participado en el programa de radio *Huellas*. Escucha y añade información nueva a tu tabla. ¿Qué otras aficiones tiene? ¿Qué orígenes tienen?

 **4 Lee estas frases que ha dicho Alba. ¿Las entiendes? Escribe tres frases sobre ti utilizando la parte destacada. Fíjate en los tiempos verbales.**

a. Siempre me ha gustado escuchar tocar a mi abuelo.

b. Hasta ahora solo he vivido en Sevilla.

c. Mis padres se conocieron en Sevilla hace 20 años.

MIS PALABRAS

la música
el baile
los idiomas
el flamenco
tocar un instrumento

vivir en
nacer en
emigrar a
venir de / venir a

→ Palabras, p. 80-81

MI GRAMÁTICA

PRETÉRITO PERFECTO/ INDEFINIDO / IMPERFECTO

Mi abuelo **nació** en Marruecos. **Llegó** a España cuando **tenía** 20 años. Desde entonces siempre **ha vivido** aquí.

→ Gramática, p. 76-78

PERSONAS QUE ME HAN MARCADO

1 **Lee las tres entradas en el foro *Personas que me han marcado* y responde.**

a. ¿Quién ha marcado a Sergio? ¿De qué se acuerda?

b. ¿Cómo es el tío de Miriam?

c. ¿Quién ha influido en Carla?

PERSONAS QUE ME HAN MARCADO
Sergio (18 años) Creo que la persona que más ha influido en mi vida es mi abuela. Es una cocinera muy buena. Recuerdo que, cuando yo era un niño, jugaba en su cocina y la veía cocinar: gazpacho, croquetas, paella, tortilla de patatas... Después del bachillerato quiero estudiar hostelería y ser un cocinero famoso.
Miriam (16 años) Mi tío, sin duda. Me gusta cuando me cuenta sus aventuras de alta montaña porque ha participado en muchas expediciones. Es muy aventurero, pero al mismo tiempo es prudente y respeta mucho la naturaleza. Me encanta ir al monte con él: aprendo mucho y confío en los consejos que me da.
Carla (16 años) Más que personas reales, creo que me han influido algunos personajes de libros de viajes. Siempre pienso en la vida tan interesante que tienen. Por eso, ahora sueño con ser periodista, viajar por todo el mundo y hacer reportajes de lugares lejanos.

2 **Escribe en 2 círculos los nombres de personas que te han influido y qué has aprendido de ellas o qué te han transmitido. Un/a compañero/a te hace preguntas.**

PERSONAS

Mi padre
Mi abuela Matilde
Mi amiga Ann

Patinar
Canciones en español
Bicicleta

- *¿Tu padre te enseñó a patinar?*
- *No, mi amiga Ann me enseñó a patinar...*

3 **En grupos, recordad personas o situaciones de este curso o de cursos anteriores. Luego, compartid vuestros recuerdos con el resto de la clase. ¿Tenéis los mismos recuerdos?**

- *¿Os acordáis de aquel perro abandonado que encontramos hace dos años?*
- *Sí, claro. Se llamaba Black, ¿no?*

MIS PALABRAS

recordar algo / a alguien

marcar a alguien

→ Palabras, p. 80

MI GRAMÁTICA

VERBOS CON PREPOSICIÓN

influir **en**

acordarse **de**

pensar **en**

soñar **con**

confiar **en**

participar **en**

→ Gramática, p. 79

Taller de lengua 1

UN *COLLAGE* DE INFLUENCIAS → p. 85

EL ARTE FLAMENCO

pistas 16 - 17

1 **En parejas** escuchad **cada uno/a un fragmento del audiolibro *Flamenco*. Luego** explicaos **lo que habéis escuchado.**

El alumno/a que ha escuchado la pista 16 explica a su compañero/a:
¿Qué origen tiene el flamenco?
¿Qué se transmite con el cante?

El alumno/a que ha escuchado la pista 17 explica a su compañero/a:
¿Cuántos artistas hay en un cuadro flamenco?
¿Cuál es el más importante?

Mira **el tráiler del documental *Alalá* y** responde.

VÍDEO

DVD 7

Remedios Malvarez, *Alalá* (2016)

a. ¿Cómo es el barrio en el que está la escuela de flamenco?

b. Fíjate en las caras y los gestos de los niños que van a la escuela. ¿Qué emociones crees que sienten?

c. ¿Qué instrumentos musicales aparecen?

Lee **la sinopsis del documental y** completa **las frases usando los elementos de las etiquetas.**

Alalá es un documental grabado en Las Tres Mil Viviendas, un barrio desfavorecido de Sevilla (Andalucía) en el que viven muchos gitanos. Allí, el músico Emilio Caracafé ha creado una escuela de flamenco a la que van muchos niños para aprender a cantar, a bailar y a tocar, es decir, a expresarse con esta forma de arte.

a. Las Tres Mil Viviendas es un barrio...

b. Emilio es un músico...

c. El flamenco es un arte...

d. *Alalá* es una escuela...

con	en
el que la que los que las que	el que la que los que las que

de	a
del que la que los que las que	al que la que los que las que

En grupos, pensad **en...**

- un estilo de música con el que se expresan los jóvenes de tu país;
- un lugar al que los jóvenes van a aprender alguna disciplina artística;
- una canción de la que os vais a acordar siempre.

MIS PALABRAS

el / la bailaor/a
el / la cantaor/a
el cante
las palmas

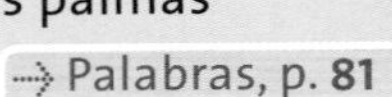

Palabras, p. 81

¿SABES QUE...?

El pueblo gitano es una comunidad originaria de la India con rasgos culturales comunes. España es el país de Europa donde vive la mayor comunidad de gitanos. Llegaron hacia el S.XV y se establecieron en muchas regiones. En español hay muchas palabras que provienen del caló (la lengua romaní de los gitanos españoles), por ejemplo: *chaval* (chico), *pirarse* (irse) o *molar* (gustar).

MI GRAMÁTICA

LA FRASE RELATIVA CON PREPOSICIÓN

Emilio es un profesor **con el que** los niños aprenden mucho.

El flamenco es un arte **del que** todos se sienten muy orgullosos.

Gramática, p. 79

¿TE GUSTA BAILAR?

1 Antes de leer el documento, lee solo el título y observa la imagen que lo acompaña. ¿Qué crees que es "la cumbia"? ¿Qué crees que explica el texto?

La cumbia

La cumbia es un género musical folclórico típico de Colombia. En la cumbia hay una mezcla de influencias indígenas, africanas y europeas. Es, por tanto, un ejemplo de la riqueza musical y cultural del país. Los expertos dicen que este ritmo se originó en la costa caribeña.

Podemos ver claramente las raíces africanas en el ritmo y en los instrumentos con los que se toca: tambores y maracas. Estas raíces son parte de la herencia que llevaron a Colombia los esclavos africanos que trabajaban en las plantaciones. La herencia indígena la encontramos en los instrumentos de viento: las gaitas y las flautas que siempre acompañan los bailes. Por último, la herencia europea (sobre todo española) la encontramos en las ropas de los bailarines.

La cumbia se baila en parejas, que forman un gran círculo y giran sobre sí mismas sin tocarse. El vestuario es muy característico: los hombres visten de blanco con un pañuelo rojo en el cuello y llevan una mochila y un sombrero típicos. Las mujeres llevan una blusa roja o blanca de manga corta, una falda muy ancha, el pelo adornado con flores y una vela encendida en las manos. La cumbia es una danza ritual y de seducción.

2 Lee el documento. ¿Tus hipótesis de la actividad anterior eran ciertas?

3 Ahora haz un mapa mental como este para resumir el artículo.

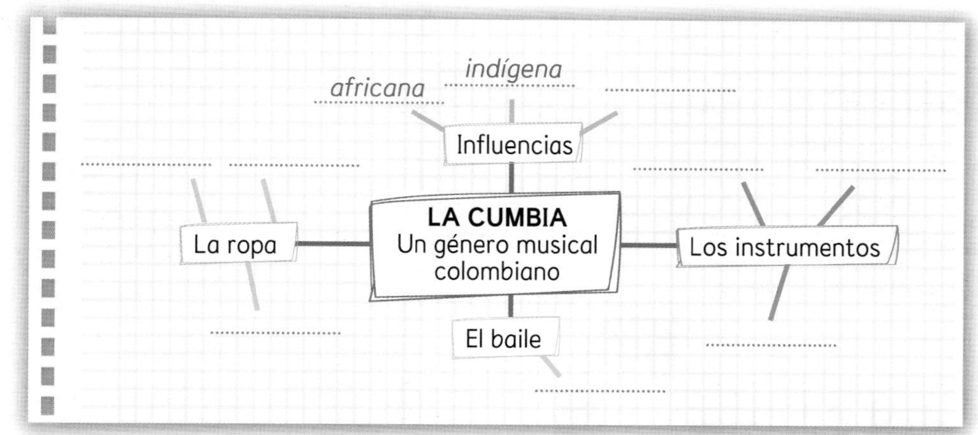

4 En parejas, pensad en...

- una manifestación cultural típica de vuestro país (un ritmo, un baile, un deporte, etc.);
- una manifestación cultural en la que participan hombres y mujeres;
- una manifestación cultural en la que la gente se viste de manera característica;
- una manifestación cultural que os gusta mucho.

5 Compartid con la clase vuestras respuestas a la actividad anterior. ¿Son las mismas?

COMPARTIMOS EL MUNDO

En muchos lugares del mundo hispano, las manifestaciones folclóricas (fiestas, bailes, música, juegos, etc.) forman parte de la vida de los jóvenes y muchos aprenden desde pequeños a bailar, a cantar, a jugar, etc.

¿Y tú? ¿Haces alguna actividad relacionada con el folclore y las tradiciones?

MIS PALABRAS

acompañar
tocar un instrumento
bailar (en parejas)
formar → un círculo / → una fila
girar
tocarse
llevar → una blusa / → una vela

→ Palabras, p. 81

Taller de lengua 2

UN REPORTAJE SOBRE UN GÉNERO MUSICAL → p. 85

LA VIDA EN AL-ÁNDALUS

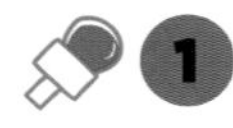

1 Lee el texto ¿SABES QUE...?, observa el mapa y responde a las preguntas.

a. ¿Qué es al-Ándalus?
Es el territorio...

b. ¿Cuánto tiempo duró la ocupación árabe en la península ibérica?

c. ¿A qué nombre de una región española te recuerda "al-Ándalus"?

¿SABES QUE...?

En el año 711, los árabes llegaron a la península ibérica y conquistaron la mayor parte del territorio, al que llamaron al-Ándalus. Durante más de 8 siglos, ocuparon parte de lo que hoy son España y Portugal. Córdoba fue árabe hasta 1236 y Granada (la última ciudad árabe), hasta 1492.

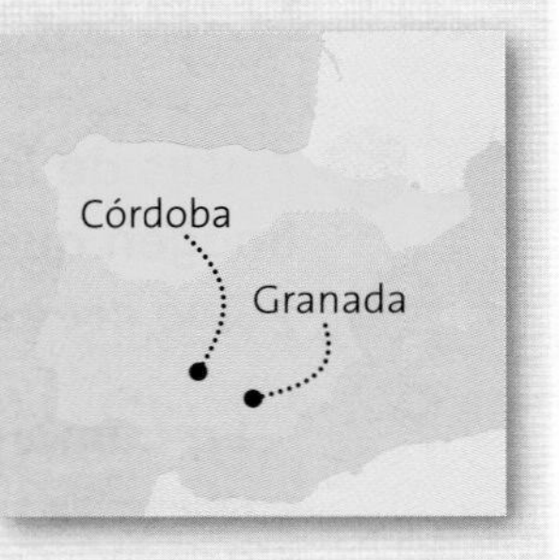

↑ La península ibérica en 1031

Territorio cristiano
Territorio musulmán

2 Lee el cómic y clasifica las aportaciones culturales árabes en una tabla como esta.

Los árabes introdujeron...

AGRICULTURA	CULTURA	ARQUITECTURA	LENGUA

MI GRAMÁTICA

PRETÉRITO INDEFINIDO IRR.

INTRODUCIR
introduje
introdujiste
introdujo
introdujimos
introdujisteis
introdujeron

→ Gramática, p. 77, 78

↑ Rafael Marín y Ángel Olivera, *La pequeña historia de Andalucía* (1979)

MIS PALABRAS

aportaciones...
a la agricultura
a la cultura
a la arquitectura
a la lengua

→ Palabras, p. 80

3 En grupos buscad en internet información sobre uno de los monumentos que se citan en el cómic y rellenad una ficha como la de la derecha.

Nombre:

Ciudad:

Año de construcción:

Uso en la época árabe:

Uso actual:

LAS PALABRAS VIAJERAS

  **Lee el texto y responde a las preguntas.**

Las palabras viajeras del español

El español o castellano nació en el norte de la península ibérica y proviene del latín; por eso decimos que es una lengua románica. Pero no todas las palabras del español vienen del latín: *álgebra, maíz, hotel, piloto, caramelo, champú, paella, pizarra, chubasco,* etc., son palabras españolas que proceden de otras lenguas.

La península ibérica formó parte del Imperio romano durante más de 400 años y el origen del 70 % de las palabras españolas es el latín. Sin embargo, antes de la llegada de los romanos, en la península se hablaban otras lenguas (el vasco, el íbero y las lenguas celtas). En el español actual existen algunas palabras que vienen de esas lenguas; por ejemplo, *izquierda, camino* o *cerveza*.

Más tarde, desde el final del Imperio romano hasta nuestros días, el español recibió las influencias de otras lenguas. Por ejemplo, algunas palabras del español provienen de las lenguas germánicas, como *bosque* o *guerra*, porque los pueblos germánicos invadieron la península ibérica en el siglo V.

Pero, sin duda, el árabe es la lengua que más influencia tuvo en el español después del latín y su huella es enorme: hay 4000 palabras españolas de ese origen. Muchas de esas palabras están relacionadas con los alimentos, como *azúcar* o *aceite*; otras, con la vida cotidiana, como *alfombra, almohada* o *taza*; otras, con la organización política, como *alcalde*. También hay palabras de origen árabe relacionadas con la agricultura, como *alberca* (¡que es la palabra que se usa en México para decir *piscina*!), con las matemáticas, como *álgebra, cifra* o *cero*; o con la química, como *alcohol*.

a. ¿Qué es una lengua románica?
b. ¿Cuál es el origen de la mayoría de las palabras del español?
c. ¿Cuál es la segunda lengua que ha dado más palabras al español?
d. ¿Algunas de las palabras que aparecen en el texto son parecidas en tu lengua? ¿Sabías que son de origen árabe?

MIS PALABRAS

provenir de
venir de
proceder de
origen latino / árabe / germánico
quiere decir = significa

el latín
el árabe
las lenguas celtas
el íbero
el náhuatl
el inglés
el francés
el italiano
el portugués
el vasco
el catalán
el gallego
el caló

→ Palabras, p. 80

  **Escucha el audio y relaciona las palabras con su origen.**

pista 18

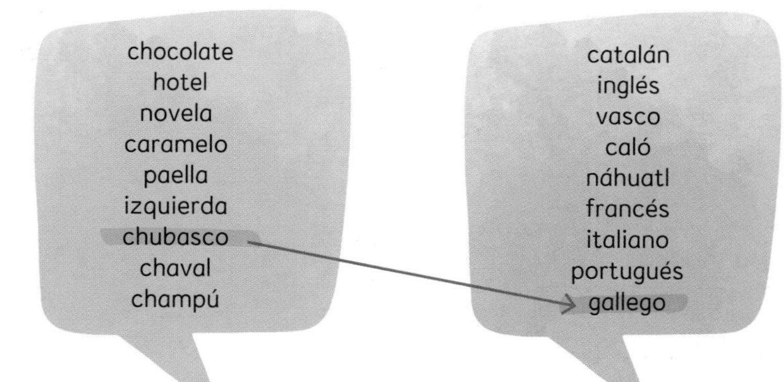

 **Busca información sobre tu nombre: ¿cuál es su origen?, ¿de qué nombre o palabra proviene?, ¿qué significa?, ¿qué otros nombres hay parecidos en otras lenguas?**

Paul es un nombre de origen latino. Proviene del nombre latino Paulus, que existe desde la época romana. Paulus quiere decir "pequeño". En otras lenguas existen Pablo, Paolo, Paulo, Pavel...

Taller de lengua 3
ÁRBOL DE PALABRAS → p. 85

LOS TIEMPOS DEL PASADO: PRETÉRITO PERFECTO, PRETÉRITO INDEFINIDO Y PRETÉRITO IMPERFECTO

Formación del pretérito perfecto

El pretérito perfecto es un tiempo compuesto. Se construye con un auxiliar (*haber*):

Presente del verbo *haber* + participio pasado

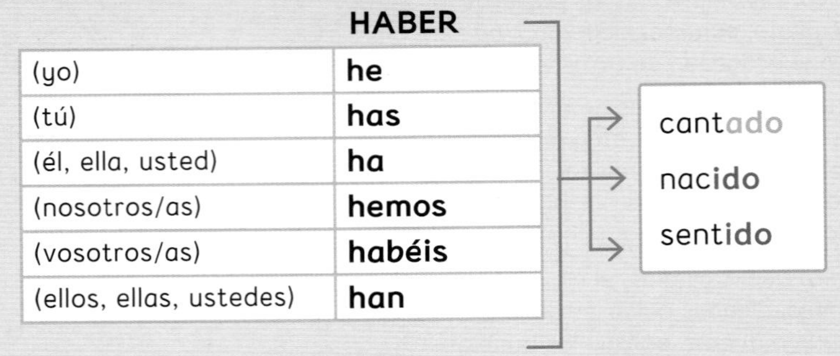

	HABER
(yo)	**he**
(tú)	**has**
(él, ella, usted)	**ha**
(nosotros/as)	**hemos**
(vosotros/as)	**habéis**
(ellos, ellas, ustedes)	**han**

→ cantado / nacido / sentido

Formación del participo

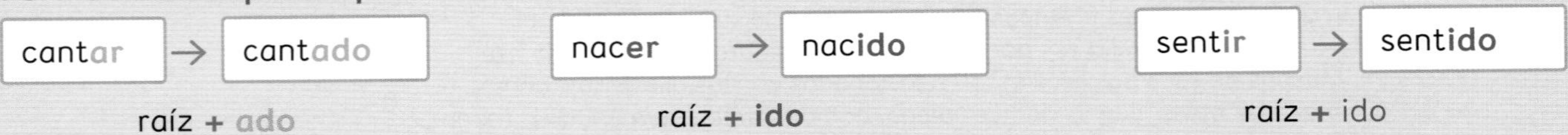

El pretérito perfecto de los verbos reflexivos

	LEVANTARSE
(yo)	**me** he levantado
(tú)	**te** has levantado
(él, ella, usted)	**se** ha levantado
(nosotros/as)	**nos** hemos levantado
(vosotros/as)	**os** habéis levantado
(ellos, ellas, ustedes)	**se** han levantado

El pretérito perfecto del verbo gustar

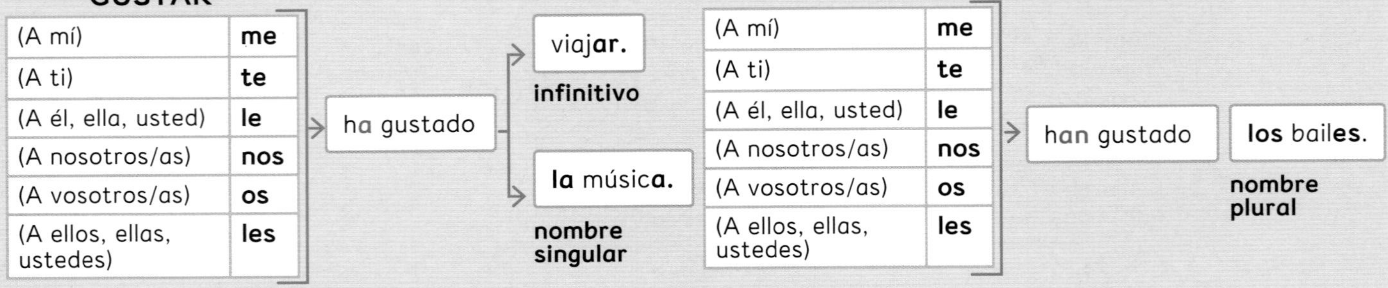

	GUSTAR
(A mí)	**me**
(A ti)	**te**
(A él, ella, usted)	**le**
(A nosotros/as)	**nos**
(A vosotros/as)	**os**
(A ellos, ellas, ustedes)	**les**

→ ha gustado → viajar. (**infinitivo**) / la música. (**nombre singular**)

(A mí)	**me**
(A ti)	**te**
(A él, ella, usted)	**le**
(A nosotros/as)	**nos**
(A vosotros/as)	**os**
(A ellos, ellas, ustedes)	**les**

→ han gustado los bailes. (**nombre plural**)

Uso del pretérito perfecto

Se utiliza para hablar de acciones pasadas que tienen relación con el presente:

Siempre he vivido en Sevilla.

El pretérito perfecto es típico del español de España. En muchos otros países es menos frecuente y se prefiere usar el pretérito indefinido.

Se emplea con indicadores temporales como: **hoy, esta mañana, hasta ahora, últimamente, nunca, siempre, alguna vez**.

1 Completa **las frases con el verbo correspondiente en pretérito perfecto.**

escribir | ~~vivir~~ | hacer | ver | dormir | leer | ir

a. Ana siempre *ha vivido* en la misma ciudad.

b. Nunca (yo) .... a América Latina.

c. Esta semana los alumnos .... un libro muy interesante y .... un resumen sobre él.

d. Y vosotros, ¿qué películas buenas .... últimamente?

e. ¡Qué buen aspecto tienes! ¿Cuántas horas (tú) .... esta noche?

f. ¿Alguna vez (vosotros) .... algo que no podéis contar?

LOS TIEMPOS DEL PASADO: PRETÉRITO PERFECTO, PRETÉRITO INDEFINIDO Y PRETÉRITO IMPERFECTO

Formación del pretérito indefinido
Verbos regulares

VIAJAR	COMER	VIVIR
viajé	comí	viví
viajaste	comiste	viviste
viajó	comió	vivió
viajamos	comimos	vivimos
viajasteis	comisteis	vivisteis
viajaron	comieron	vivieron

Verbos irregulares

SENTIR (E → I)	DORMIR (O → U)	CAER (I → Y)	DAR	SER / IR
sentí	dormí	caí	di	fui
sentiste	dormiste	caíste	diste	fuiste
sintió	durmió	cayó	dio	fue
sentimos	dormimos	caímos	dimos	fuimos
sentisteis	dormisteis	caísteis	disteis	fuisteis
sintieron	durmieron	cayeron	dieron	fueron

El verbo *dar* se forma como los verbos acabados en *-er*, *-ir*, pero sin tilde.

LOS TIEMPOS DEL PASADO: PRETÉRITO PERFECTO, PRETÉRITO INDEFINIDO Y PRETÉRITO IMPERFECTO

Verbos con raíz irregular + las terminaciones: -**e**, -**iste**, -**o**, -**imos**, -**isteis**, -**ieron**.

ESTAR	TENER	PODER	PONER	HACER	QUERER	VENIR	DECIR
estuve	**tuv**e	**pud**e	**pus**e	**hic**e	**quis**e	**vin**e	**dij**e
estuviste	**tuv**iste	**pud**iste	**pus**iste	**hic**iste	**quis**iste	**vin**iste	**dij**iste
estuvo	**tuv**o	**pud**o	**pus**o	**hiz**o	**quis**o	**vin**o	**dij**o
estuvimos	**tuv**imos	**pud**imos	**pus**imos	**hic**imos	**quis**imos	**vin**imos	**dij**imos
estuvisteis	**tuv**isteis	**pud**isteis	**pus**isteis	**hic**isteis	**quis**isteis	**vin**isteis	**dij**isteis
estuvieron	**tuv**ieron	**pud**ieron	**pus**ieron	**hic**ieron	**quis**ieron	**vin**ieron	**dij**eron

Uso del pretérito indefinido

La 3.ª persona del plural del verbo *decir* es *dijeron*, no ~~dijieron~~

Se emplea para hablar de acciones terminadas realizadas en el pasado, para acciones puntuales, o cuando se indica el número de veces que se ha hecho una acción:

El año pasado viajé a Argentina. *La semana pasada estuve tres veces en el hospital.*

2 Completa **las frases con los verbos en la forma adecuada del pretérito indefinido.**

a. Úrsula (REPETIR) .... curso el año pasado.

b. Creo que (TRADUCIR, YO) .... mal las frases del ejercicio 2.

c. Cuando (SALIR, NOSOTROS) .... de la piscina, hacía frío.

d. Laurie Hernández (COMPETIR) .... en los Juegos Olímpicos de Río de Janeiro.

e. Manuel Molina, el guitarrista de Lole y Manuel, (MORIR) .... en 2015.

LOS TIEMPOS DEL PASADO: PRETÉRITO PERFECTO, PRETÉRITO INDEFINIDO Y PRETÉRITO IMPERFECTO

Formación del pretérito imperfecto

Verbos regulares

VIAJAR	COMER	VIVIR
viajaba	comía	vivía
viajabas	comías	vivías
viajaba	comía	vivía
viajábamos	comíamos	vivíamos
viajabais	comíais	vivíais
viajaban	comían	vivían

Verbos irregulares

SER	IR	VER
era	iba	veía
eras	ibas	veías
era	iba	veía
éramos	íbamos	veíamos
erais	ibais	veíais
eran	iban	veían

Uso del pretérito imperfecto

Se usa para hablar de acciones habituales en el pasado, rutinas, y para describir personas, lugares o situaciones en el pasado:

Mario antes vivía en Badajoz. *Cuando María era pequeña, soñaba con ser actriz.*

3 Escoge **la opción adecuada en cada caso.**

a. De pequeña Patricia siempre visitaba / visitó a sus abuelos en verano.

b. El año pasado mis amigos y yo pasábamos / pasamos una semana en la playa.

c. Los señores López compraron / compraban una casa en la montaña.

d. Mis abuelos se conocieron / se conocían en Venezuela.

e. Antes estudiaba / estudié tres horas a la semana.

f. ¡La semana pasada comíamos / comimos pescado tres veces!

LAS FRASES RELATIVAS CON PREPOSICIÓN

Las frases relativas permiten evitar las repeticiones.

quien / quienes → Se refiere a personas.

La chica con quien juego se llama Marta.

que → Se refiere a objetos o personas.

El libro que me regalaste es muy bueno.

Cuando es necesario, el relativo **que** va precedido de una preposición + **el / la / los / las / lo**

El chico con el que hablé es sevillano.

Martina es la chica de la que te hablé ayer.

4 Completa **las frases con** que. **No olvides añadir una preposición y el artículo cuando sea necesario.**

a. Mi prima tiene una casa preciosa .... está delante de la playa.

b. Juana tiene un trabajo .... dedica mucho tiempo.

c. Algunos videojuegos .... juegan los niños no son muy educativos.

d. Las novelas .... escribe Paola son muy divertidas.

e. La película .... vamos a ver ha ganado varios premios.

VERBOS CON PREPOSICIÓN

Algunos verbos siempre van seguidos de una determinada preposición. Estos son algunos de ellos:

acordarse de → *No me acordé de llamarte.*

influir en → *Mi abuelo influyó en mí.*

pensar en → *Ayer pensé en ti.*

participar en → *Mar participa en el concurso.*

confiar en → *Confío en Marta.*

soñar con → *Sueño con ganar el concurso.*

5 Completa **las frases con el verbo en el tiempo verbal y con la preposición adecuados.**

confiar | soñar | participar | influir

a. Esta noche .... un dinosaurio rosa.

b. Siempre le cuento mis secretos a mi mejor amigo, ... él totalmente.

c. Durante siglos, la lengua árabe .... el vocabulario español.

d. Voy a .... un concurso de tortillas de patata.

la música
el baile
los deportes
los idiomas
la comida
la familia

vivir en
nacer en
emigrar
venir de/a
llegar a
aprender de
cambiar de

ASPECTOS DE LA PERSONA

BIOGRAFÍA

recordar
acordarse de
marcar a
influir en

LAS INFLUENCIAS Y LOS RECUERDOS

LENGUAS

el latín
el árabe
las lenguas celtas
el íbero
el náhuatl
el inglés
el francés

el italiano
el portugués
el vasco
el catalán
el gallego
el caló

aportaciones...
a la agricultura
a la cultura
a la arquitectura
a la lengua

LAS INFLUENCIAS Y LOS RECUERDOS

1 Completa **el texto con estas palabras.**

me acuerdo | recuerdo a | ha marcado

Siempre .... mi abuelo. Era muy divertido y contaba muchas anécdotas. Cuando voy al pueblo, siempre .... de él. He aprendido mucho con él, por ejemplo, a tomarme las cosas con humor. Sin duda, mi abuelo me ....

LENGUAS

2 Escribe **las letras y descubre las lenguas.**

a. i_al_a_o
b. _o_tu_ué_
c. á_a_e
d. i_g_é_
e. _all_g_
f. c_t_lá_

HUELLAS

EL FLAMENCO

el cante 

el / la cantaor/a

las palmas 

el / la bailaor/a 

EL BAILE

bailar (en parejas)
formar | un círculo
 | una fila
girar
llevar (ropa)

LA MÚSICA

cantar
tocar un instrumento
acompañar

APORTACIONES CULTURALES

3 Responde.

¿De qué baile son típicas las palmas? ....
....
La Giralda es una aportación árabe a ....
....
Álgebra es una palabra de origen ....
....

LA MÚSICA Y EL BAILE

4 Descubre **seis palabras relacionados con la música y el baile.**

5 ¡Crea tu propio mapa mental! **Personaliza este mapa: piensa en las influencias que has recibido y añade las palabras que necesitas para expresarlas.**

https://www.laventana.rep

LA VENTANA

PERIÓDICO DIGITAL

En este número de *La Ventana* hablamos de los monumentos que dejaron los árabes en Andalucía.

EL TRIÁNGULO DE ORO

1 En al-Ándalus hubo varias ciudades que funcionaron como capital. Córdoba, Sevilla y Granada, llamadas "el triángulo de oro", fueron las más importantes.

Córdoba y la gran mezquita

1 Durante el gobierno de los omeyas (siglos X y XI), Córdoba era una de las ciudades más grandes del mundo.
La mezquita, el más importante monumento
5 de la arquitectura islámica en Europa, se usaba no solo para la oración, sino también para reuniones y como lugar de estudio.

↑ Interior de la mezquita de Córdoba

Sevilla, la Torre del Oro y la Giralda

1 Sevilla fue la capital de al-Ándalus durante el dominio de los almohades (siglos XII y XIII).
La Torre del Oro formaba parte de una muralla que defendía la ciudad de los barcos enemigos.
5 La Giralda es una torre que mide casi 100 metros. Antiguamente era la torre de la mezquita principal de la ciudad y actualmente es el campanario de la catedral de Sevilla.

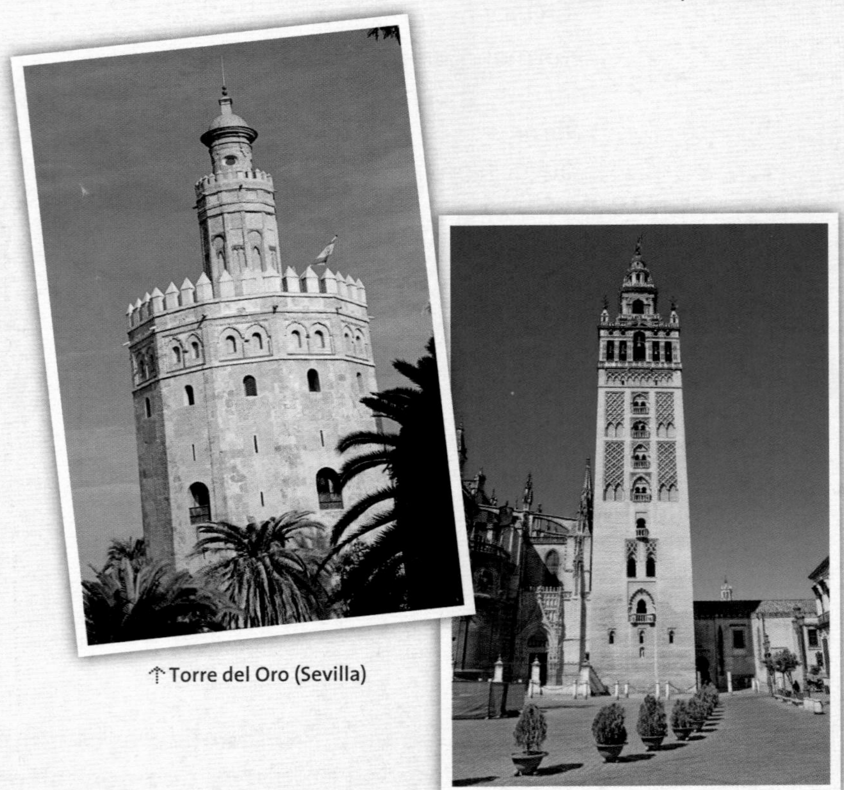

↑ Torre del Oro (Sevilla)

↑ La Giralda (Sevilla)

Granada y la Alhambra

En el reino de Granada (siglo XIII) convivieron las tradiciones culturales y religiosas de los musulmanes, de los cristianos y de los judíos.

La Alhambra era un palacio lleno de jardines, patios y fuentes, y también una fortaleza. Se empezó a construir en el siglo X y se siguió construyendo hasta el siglo XVI. Es una muestra de la mejor arquitectura islámica. Su nombre proviene del color rojo de su muralla (*al-hamra* significa 'la roja').

↑ La Alhambra (Granada)

¡CONOCE TRIANA!

VÍDEO
DVD 8

↑ *Un día en mi barrio: Triana (Sevilla)*, DIA España (2003)

1. **¿A qué ciudades se les llama el "triángulo de oro"?**

2. **Di una característica singular de la gran mezquita de Córdoba.**

3. **¿Para qué servía la Torre del Oro en Sevilla?**

4. **¿Qué era la Alhambra?**

5. **Mira el vídeo y responde.**

a. ¿Cómo es el barrio de Triana?

....

b. ¿Qué une el puente de Triana?

....

c. ¿Qué hay en la calle Betis?

....

d. ¿Cómo se decoran los jardines, los patios y los balcones?

....

¡Eres periodista!

Habla de un monumento importante de tu país.

1. Elige un monumento que te parezca interesante.
2. Busca información sobre....
   a. dónde está y cómo es;
   b. cuál es su origen y cuándo se construyó;
   c. para qué se usaba en el pasado y para qué se usa hoy.
3. Escribe un pequeño texto e ilústralo con fotos o dibujos.
4. Compártelo con la clase.

COMERCIO JUSTO

En el comercio tradicional, entre el productor y el consumidor hay una serie de intermediarios. Muchas veces, cuando hay muchos intermediarios, el productor gana muy poco por su trabajo. Para corregir esta desigualdad, hace años surgió la idea del comercio justo. El comercio justo es una forma de comprar y vender más solidaria y su objetivo es luchar contra la pobreza y ayudar al desarrollo de las comunidades de productores.

Con esta práctica, los productores reciben un precio justo por su trabajo y sus productos llegan a los consumidores de manera más directa. El comercio justo no es una ayuda, sino una forma de intercambio más igualitaria. Se trata de un movimiento internacional formado por organizaciones y cooperativas que respetan una serie de prácticas y valores. Estos son algunos:

- Condiciones de trabajo y salarios justos para los productores.
- Decir *no* a la explotación infantil.
- Igualdad entre hombres y mujeres: ambos reciben el mismo trato y el mismo salario.
- Respeto al medio ambiente. Decir *no* a los productos contaminantes.

Por todo ello, podemos decir que el comercio justo es una manera de crear relaciones más justas en un mundo globalizado y de cooperar con comunidades de productores (agricultores, ganaderos, artesanos, fabricantes, etc.) de todo el mundo.

Los productos de comercio justo se pueden encontrar en tiendas especializadas y en algunos espacios de los supermercados. Todos llevan etiquetas que explican el origen y que marcan que se trata de productos de comercio justo.

Estos son algunos de los sellos de garantía más frecuentes:

1 Reflexiona. **¿Conoces algún producto de comercio justo? ¿Dónde lo has visto o comprado?**

2 Lee **el texto y** responde.

a. ¿Qué es el comercio justo?

b. ¿Dónde su pueden encontrar los productos de comercio justo?

c. ¿Cómo puedes identificarlos?

3 Opina. **¿Qué te parecen los valores en los que se basa el comercio justo? ¿Añadirías alguno más?**

4 Actúa. **En grupos, buscad alimentos de comercio justo que se producen en América Latina. Pensad en una acción para darlos a conocer y promover su compra.**

Taller 1 • LECCIÓN 1

UN *COLLAGE* DE INFLUENCIAS

Nos preparamos

1. Vas a **crear un *collage*** con tus influencias. Primero, **completa una tabla** sobre ti mismo/a como la de la actividad 2 de la p. 70.

Lo creamos

2. Haz un ***collage*** con la información de la tabla. Utiliza **dibujos** y **fotos** y **escribe** las **explicaciones** necesarias.

⇢ Alternativa digital
Graba tu presentación y súbela a la web del instituto.

Lo presentamos

3. **Explica** tu *collage* a tus compañeros/as, que **pueden hacerte preguntas**.

Las cosas que me han influido son...

Taller 2 • LECCIÓN 2

UN REPORTAJE SOBRE UN GÉNERO MUSICAL

Nos preparamos

1. En parejas, vais a **escribir** un pequeño **texto** sobre un género musical o un baile. Puede ser del mundo hispano o de vuestro país; tradicional o moderno.

Lo creamos

2. Primero **rellenad** una ficha como esta:

Nombre: ____________
Qué es: ____________
Origen e influencias: ____________
Instrumentos: ____________
Vestuario: ____________
Movimientos: ____________

3. **Escribid** el texto. Podéis ilustrarlo con imágenes.

⇢ Alternativa digital
Usad un programa de presentaciones con diapositivas.

Lo presentamos

4. **Compartid** vuestro reportaje con la clase. ¿Conocéis todos los ritmos que presentan vuestros/as compañeros/as?

Un tipo de música que nos gusta mucho es el "sertanejo"...

Taller 3 • LECCIÓN 3

ÁRBOL DE PALABRAS

Nos preparamos

1. Vais a **crear un "árbol de palabras"** del español. En grupos de tres, **anotad** todas las palabras de diversos orígenes que se citan en esta lección.
2. **Clasificadlas** por su origen.
3. **Buscad** tres más en internet escribiendo, por ejemplo: "palabras españolas de origen árabe".

⇢ Alternativa digital
Haced una presentación digital con la imagen de un árbol.

Lo creamos

4. **Dibujad** un árbol; cada rama es una lengua. **Colocad** las palabras en el lugar correspondiente.

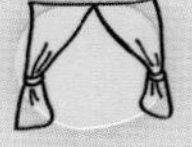

Lo presentamos

5. **Exponed** vuestros árboles a la clase.

UNIDAD 5

Todos somos hermanos

El centro de la ciudad de Los Ángeles

LECCIÓN 1

Explico... los beneficios de hablar más de una lengua.

- Hispanos en Estados Unidos
- **Llevar / seguir** + gerundio
- **Ayudar a hacer algo / con algo**
- **Seguir** + gerundio

Taller de lengua 1 Creamos un mural sobre las lenguas que se hablan en clase.

LECCIÓN 2

Valoro... una noticia o una situación.

- Mostrarse a favor y en contra
- **Parecer bien / mal**
- El presente de subjuntivo

Taller de lengua 2 Realizamos una encuesta sobre temas escolares.

LECCIÓN 3

Hablo... de por qué y para qué emigran las personas.

- Causa y finalidad
- **Por y para**
- Historias de viajes y migración

Taller de lengua 3 Hacemos una entrevista a un/a migrante.

LA VENTANA
PERIÓDICO DIGITAL

Hablamos del arte chicano en Los Ángeles y San Diego.

Conocemos a un grupo de inmigrantes que denuncian su situación a través del teatro.

En esta unidad nos habla Junior desde Los Ángeles (EE. UU.).

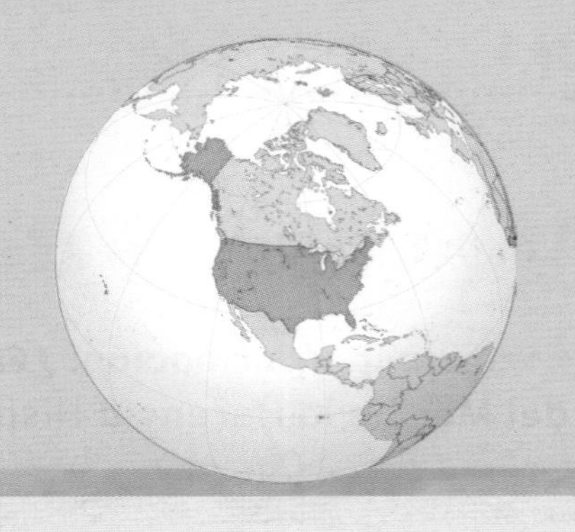

Junior
¡Hello a todos! Ayer pasé por el Paseo de la Fama. 😉

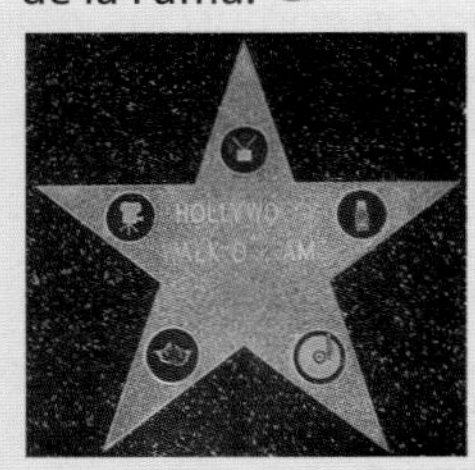

Carolina
¿El paseo que tiene estrellas en el suelo?

Junior
Sí, ¡y vi la estrella de Jennifer López, tu ídolo! 🎤

Carolina
¡Me encanta! Es la mejooor. Una supermujer: bailarina, cantante, actriz...

Junior
Y latina.

Carolina
¡Como nosotros! 😉 Y además, lucha por la igualdad de las mujeres 👍.

¡EN MARCHA!

1 Mira el mapa y la foto.

a. ¿En qué país está Los Ángeles?

b. ¿Qué significa la palabra "ángeles"? ¿En qué idioma?

c. ¿Crees que se habla español en esta ciudad?

2 Lee los mensajes y explica quién es Jennifer López y qué relación tiene con el Paseo de la Fama.

3 Escucha el audio y responde.

pista 19

a. ¿En qué dos lenguas hablan los chicos de esta escuela?

b. Marca V o F según las opiniones que has escuchado.

- El español no les gusta, siempre hablan en inglés. 
- Mezclan las dos lenguas cuando hablan porque es natural, hay cosas que se dicen mejor en una lengua que en otra. 
- Con sus padres habla inglés, pero con su abuela, español porque no entiende el inglés. 

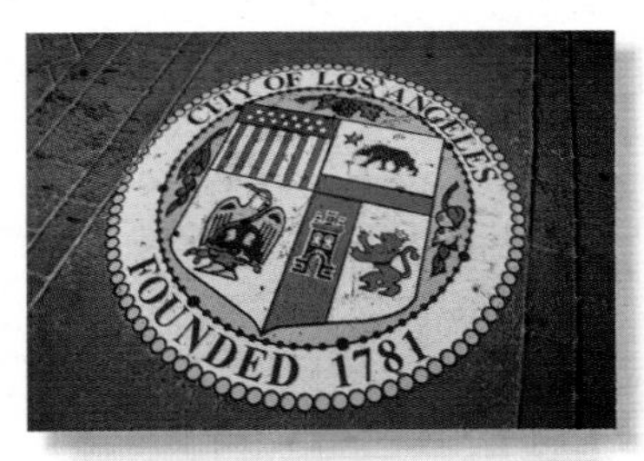

¿SABES QUE...?

La ciudad de Los Ángeles fue fundada en 1781 por misioneros españoles. Actualmente, en Los Ángeles se hablan 124 lenguas y dialectos. A causa de la inmigración latina durante el siglo XX, el 50% de sus habitantes habla español.

EL MES DE LA HERENCIA HISPANA

pista 20

1 Escucha la información. ¿Qué puedes explicar del Mes de la Herencia Hispana?

2 Mira las imágenes, lee los textos y responde.

a. ¿Qué tienen en común las personas de las que se habla?

b. ¿Conoces a otros famosos de origen hispano que vivan en Estados Unidos? ¿A qué se dedican?

c. ¿Crees que la cultura latina está presente en tu vida? ¿De qué manera?
Yo conozco los tacos. Me gusta mucho la comida mexicana.

MIS PALABRAS

el / la artista
el / la deportista
el / la músico/a
el / la cocinero/a
el / la empresario/a
el / la inventor/a

trasladarse a
ser de origen

GASTRONOMÍA: **Fajitas, burritos, enchiladas, tacos, guacamole**... Estos platos mexicanos ya forman parte de la gastronomía estadounidense. **Aarón Sánchez** (1976), nacido en EE. UU., pero de origen mexicano, es uno de los cocineros más famosos de su país y cocina recetas de inspiración mexicana.

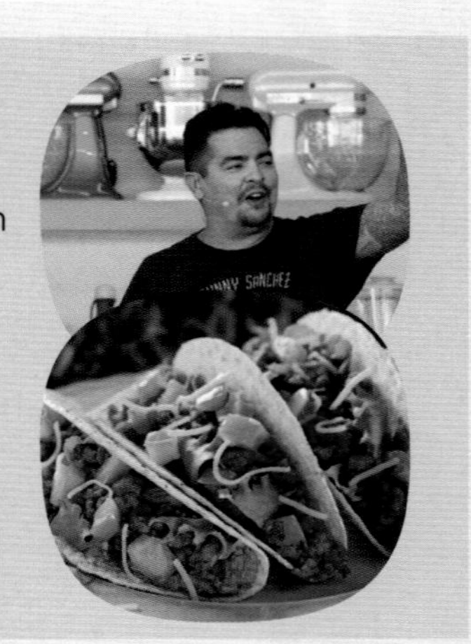

DEPORTE: Los países hispanos han aportado grandes jugadores al **béisbol** de EE. UU., pero los deportistas latinos también destacan en muchos otros deportes. La gimnasta **Laurie Hernández** ganó la medalla de oro por equipos en los Juegos Olímpicos de Río 2016. Laurie lleva toda su vida viviendo en EE. UU., su familia es de origen puertorriqueño.

EMPRESA: **Beto Pérez** (1970) lleva más de 20 años bailando y creando coreografías de **zumba**. Es el inventor de este baile. Nació en Colombia y se trasladó a Estados Unidos en 1999, donde vendió más de 3 millones de DVD. Actualmente es uno de los empresarios latinos más exitosos de EE. UU. Sus vídeos siguen estando entre los más buscados en YouTube.

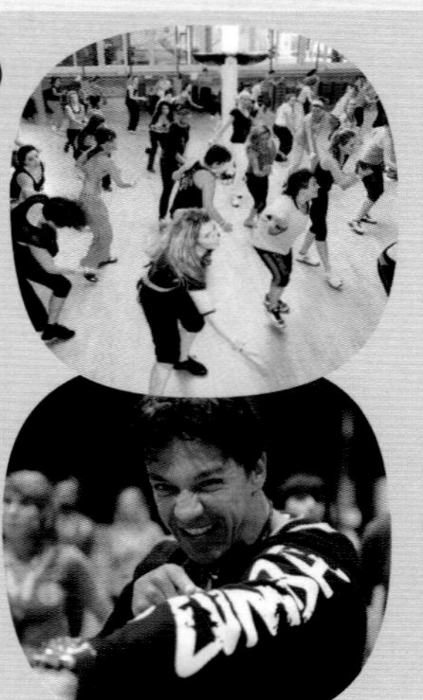

MÚSICA: La **cumbia**, el **merengue**, la **bachata**, el **reguetón**... hay decenas de estilos latinos conocidos en todo el mundo. Uno de ellos, la **salsa**, lo crearon músicos caribeños que vivían en EE. UU., como **Celia Cruz**. Hoy, estrellas de pop latino como **Marc Anthony** o **Ricky Martin** siguen creando canciones inspiradas en esos ritmos.

3 Lee esta ficha y completa una igual para otros dos personajes de la página. Busca la información que necesites en internet.

BETO PÉREZ
Origen: Nació en Colombia.
Relación con los EE. UU.: Lleva más de 20 años viviendo en Estados Unidos.
Aportación a la cultura de los EE. UU.: Creador del estilo de baile llamado "zumba".

MI GRAMÁTICA

LLEVAR + GERUNDIO
Lleva dos años viv**iendo** en EE. UU.

SEGUIR + GERUNDIO
Muchos artistas **siguen** cre**ando** música latina.

→ Gramática, p. 94

UNA GENERACIÓN BILINGÜE

1 Observa los carteles y responde.

a. ¿En qué idiomas están escritos estos carteles? ¿Qué crees que es el *espanglish* o *spanglish*?

b. ¿A quién se dirigen? ¿Cuál es su mensaje?

c. ¿Qué alimentos crees que representan la cultura de los Estados Unidos? ¿Y cuáles las culturas latinoamericanas?

¿SABES QUE...?

El maíz es un ingrediente básico de muchas cocinas de América Latina.
El mango es una fruta tropical que se cultiva en muchos países de América Central y del Sur.

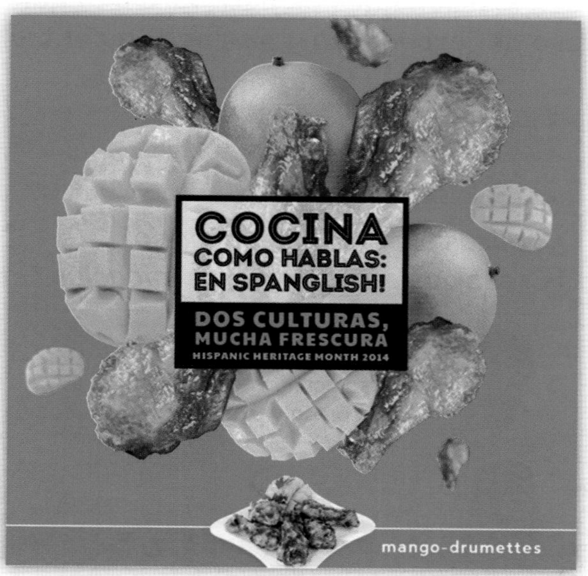

↑ Carteles publicitarios de los supermercados estadounidenses *Winn-Dixie* (2014)

2 Mira el vídeo y completa las frases.

a. La primera niña dice que hablar dos idiomas la ayuda a entender a ....

b. La segunda niña dice que su compañera .... y que ella le enseña ....

c. Estos niños se diferencian de sus padres en dos cosas: .... en Estados Unidos y dominan ....

← *¿Cómo es la nueva generación de hispanos en EE. UU.?*, www.bbc.com (2010)

MIS PALABRAS

ayudar a entender / hacer los deberes...

ayudar con los deberes / el inglés...

dominar el inglés / el español...

→ Palabras, p. 98

3 En grupos, vais a reflexionar sobre las lenguas que habláis y las ventajas que tiene hablarlas.

- *¿Qué ventajas tiene hablar español para nosotros?*
- *Pues... que podemos entender muchas canciones en español.*
- *Sí, y ver series en Netflix.*

Taller de lengua 1

LAS LENGUAS DE LA CLASE → p. 103

¿A FAVOR O EN CONTRA?

1 Comenta **con un/a compañero/a.**

a. ¿En tu país se habla más de una lengua? ¿Cuáles? ¿Se mezclan a veces?

b. ¿En tu casa habláis más de una lengua? ¿Cuáles?

c. ¿Con tus amigos/as hablas en más de una lengua? ¿Cuáles?

2 Lee **los mensajes de este foro y** di **quiénes están a favor del uso del *espanglish* y quiénes en contra y por qué.**

ESPANGLISH: ¿A FAVOR O EN CONTRA?

¿Utilizas el* espanglish *a diario?
¿Crees que ayuda a la comunicación?

Maylin Méndez
Lo uso constantemente para comunicarme con mis amigos que nacieron aquí y que son latinos como yo.

Isabel García
Yo estoy en contra del uso del *espanglish*. La gente que lo habla no aprende a hablar bien inglés y habla cada vez peor el español.

Deyanire Musa
Me molesta el *espanglish*. Estamos perdiendo el buen español que se hablaba en nuestras familias.

Emilio Valdés
Yo lo uso *all the time*. Con mis amigos siempre hacemos un mix con las dos lenguas. *It's fun. Ok?*

↑ Adaptado del foro de la web estadounidense *generacionasere.blogspot.com.es* (2010)

pista 21

3 Escucha **estas 4 opiniones de chicos sobre el *espanglish* ¿Están a favor (F) o en contra (C)?**

1.: .... 2.: .... 3.: .... 4.: ....

EL JUEGO DE LAS OPINIONES. El / la profesor/a marca una línea imaginaria en clase. A un lado está la zona "Estoy a favor"; al otro, "Estoy en contra"; y encima de la línea "No sé o no estoy seguro/a".
El / la profesor/a dice un tema y vosotros/as cambiáis de lugar según vuestras opiniones.
Cada vez, alguien explica su opinión y sus razones.

Usar el diccionario en los exámenes de español. ¿A favor o en contra?

COMPARTIMOS EL MUNDO

Las lenguas cambian con el paso del tiempo. Una de las razones de este cambio es el contacto con otras lenguas y otras realidades culturales. Esto es lo que está ocurriendo con el español que hablan las generaciones jóvenes en los EE. UU.

Los jóvenes de vuestra generación, ¿habláis igual que vuestros padres y abuelos? ¿Qué diferencias hay?

MIS PALABRAS

el idioma
la lengua
enseñar
comunicarse
└ la comunicación
mezclar
└ la mezcla
ser bilingüe
└ el bilingüismo
estar en contacto con
└ el contacto

LA OPINIÓN

Estoy a favor / en contra

Estoy a favor de mezclar lenguas / del *espanglish*.

Estoy en contra de mezclar lenguas / del *espanglish*.

Me parece bien / mal la mezcla de lenguas.

→ Palabras, p. **98, 99**

¿ES INJUSTO?

1 Lee y une cada titular con su subtítulo. ¿Cuáles te parecen buenas noticias y cuáles te parecen malas noticias?

Se estrena en Madrid *¡Boza!*, una obra de teatro representada por jóvenes inmigrantes

EL CAMBIO CLIMÁTICO ES LA CAUSA DE MUCHAS MIGRACIONES

La Unesco denuncia que los niños refugiados y migrantes acceden con más dificultad a la educación

Mescladís: un restaurante de moda en Barcelona que ayuda a inmigrantes a conseguir los papeles

Por culpa de la escasez de agua, los campesinos dejan sus tierras en busca de terrenos mejores donde instalarse y cultivar

Los actores quieren concienciar a la gente de los prejuicios racistas

Les ofrece formación y trabajo para ayudarlos a obtener los permisos de residencia

Un informe demuestra que la emigración es la causa de no escolarizarlos

2 ¿Estás de acuerdo con las siguientes opiniones? Coméntalo con un/a compañero/a.

- Es estupendo que hagan una obra de teatro para denunciar el racismo.
- Es injusto que la gente tenga que emigrar por falta de agua.
- Es horrible que los niños migrantes no puedan ir a la escuela.
- Está muy bien que les ayuden a encontrar trabajo.

3 Lee lo que dicen estos 5 chicos. Luego, en parejas, comentad y escribid vuestra opinión sobre cada asunto.

En mi escuela, los chicos y las chicas tenemos que estudiar separados.

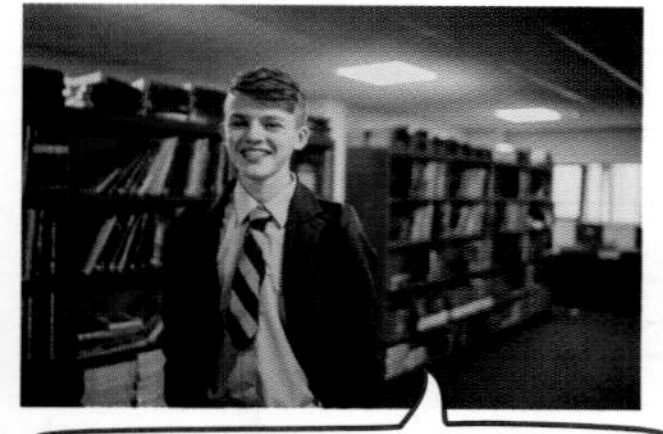

En mi escuela, tenemos que llevar uniforme.

En mi escuela, no se puede usar el teléfono móvil.

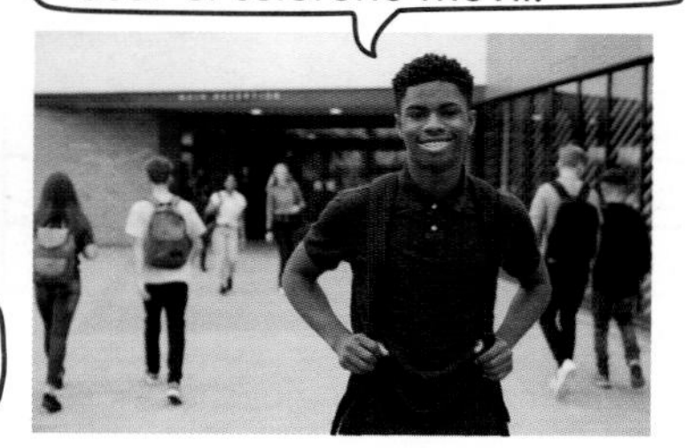

En mi escuela, se puede usar el diccionario en los exámenes de lengua.

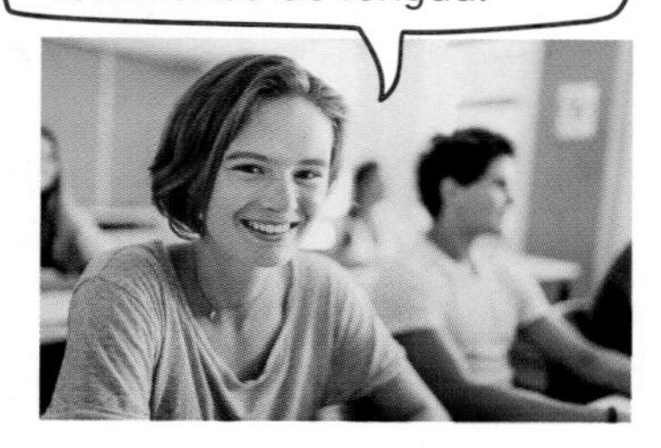

En mi escuela, todos los chicos y chicas tenemos que estudiar inglés y otra lengua extranjera.

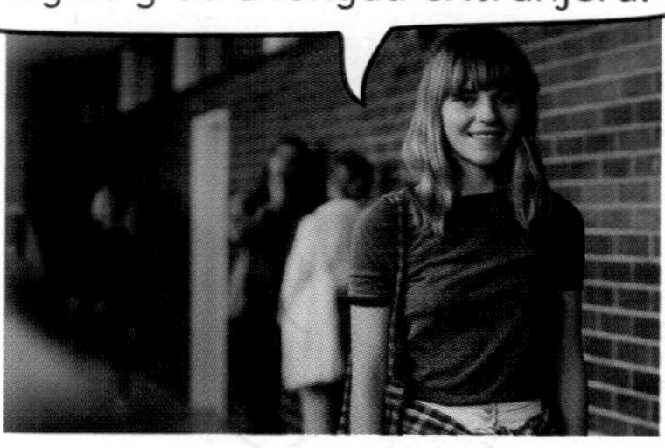

A los dos nos parece mal que los chicos y las chicas tengan que estudiar...

MI GRAMÁTICA

PRESENTE DE SUBJUNTIVO PARA VALORAR

Es injusto que la gente **tenga** que emigrar.
Está bien / mal que que no **puedan** usar el móvil.
Me parece muy bien / muy mal que **hagan** eso.

TENER
(él, ella) tenga
(ellos, ellas) tengan

HACER
(él, ella) haga
(ellos, ellas) hagan

PODER
(él, ella) pueda
(ellos, ellas) puedan

→ Gramática, p. 94, 95

MIS PALABRAS

VALORAR

Es justo / injusto / horrible / malo / estupendo / fantástico / bueno / normal

→ Palabras, p. 99

Taller de lengua 2

ENCUESTA SOBRE TEMAS ESCOLARES → p. 103

YO SOY INMIGRANTE

1 Mira el vídeo hasta el segundo 10. ¿Por qué emigró el hombre? ¿Y la mujer?

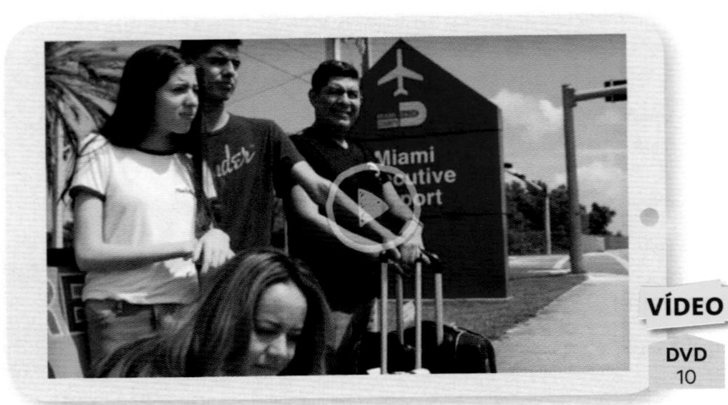

VÍDEO DVD 10

← *Yo soy inmigrante*, Luis Gamarra y 50 estudiantes del Berklee College of Music, Boston (2016)

Para que sus hijos puedan estudiar. | Para ganar dinero. | Para tener un trabajo mejor. | Para proteger a su familia.

2 En el vídeo se ven tres historias: la de un chico, la de un hombre y la de una madre. Mira el vídeo sin sonido y marca en el cuadro a qué historia corresponde cada frase.

	chico	hombre	madre
El padre se queda triste.			X
Vuelve con su padre.	X		
Su padre está orgulloso de él.	X		
Vuelve a su casa y todos están contentos.			
Su marido y sus hijos están muy contentos de verla.			X
Vuelve a su ciudad.			X
Envía dinero a su familia.			X
Es director de un proyecto de construcción.		X	
Se gradúa en la universidad.	X		
Mira la foto de su familia.			X
Se despide de su padre.	X		
Trabaja en un restaurante.	X		
Se va de Miami.		X	
Trabaja como limpiadora.			X
Ha emigrado para tener un trabajo mejor.		X	
Ha emigrado para mandar dinero a su familia.			
Ha emigrado para poder graduarse.	X		

3 En parejas, escribid la historia de cada uno.

El chico se despide de su padre para ir a los Estados Unidos a estudiar...

4 Mira y escucha el vídeo de nuevo. ¿Para qué ha escrito Luis Gamarra esta canción?

Ha escrito esta canción para que la gente...

MIS PALABRAS

emigrar
separarse
llamar por teléfono
mandar dinero
ahorrar
echar de menos
volver a
graduarse
trabajar como

→ Palabras, p. 98

MI GRAMÁTICA

PARA + INFINITIVO

Emigro **para dar** una mejor educación a mis hijos.

PARA QUE + SUBJUNTIVO

Emigro **para que** mis hijos pued**an** estudiar.

→ Gramática, p. 96

COMPARTIMOS EL MUNDO

En los EE. UU. viven más de 40 millones de personas nacidas en el extranjero y, de estos, más de 10 millones están en situación de ilegalidad.

El 44 % de todos los emigrantes que viven en los EE. UU. son latinoamericanos.

¿Y en tu país? ¿Hay muchas personas de origen extranjero? ¿De qué países?

NO RECORDABA A MI MAMÁ

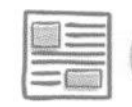

1 Lee **el texto y** responde **a las preguntas.**

LEYDE TEJADA

Me llamo Leyde Tejada y esta es la historia de mi viaje.

Yo vivía en Colombia con mi mamá y mi abuela. Vivíamos en el campo. En nuestra casa no había agua corriente, ni electricidad, ni televisión, ni baño. Para ir a la escuela andaba una hora hasta llegar a San Jerónimo. El agua la íbamos a buscar al río y allí nos bañábamos. Para estudiar y hacer los deberes, por la noche, tenía una lámpara de queroseno. Yo era feliz allí. Cuando tenía 8 años, mi mamá nos dijo que iba para España a trabajar y yo me quedé con mi abuela. Mi mamá le mandaba dinero para comprar comida, vestidos, zapatos, libros. Un día envió mi pasaje de avión para encontrarme con ella en España.

Mi abuela lloró mucho, pero dijo que yo tenía que estar con mi mamá. Me acompañó en bus todo un día de viaje hasta el aeropuerto de Bogotá. Era la primera vez que salía de mi pueblo y la ciudad me pareció enorme, grandiosa.

El viaje en avión fue largo, pero yo miré muchas películas. Al llegar a Barcelona, me costó reconocer a mi mamá. Hacía tanto tiempo que no la veía que no la recordaba. Me llevó a vivir con ella. Era la primera vez que vivía en un departamento con ascensor, agua caliente, electricidad, baño, televisor... Las luces, los supermercados, las tiendas de ropa... todo me parecía nuevo y muy moderno, yo estaba como en una película.

Lo que me costó fue ir al instituto; aunque todo el mundo hablaba español, no lo hablaban como yo. Me sentía rara y no podía hacer amigas. Todo era muy difícil. Yo estaba muy enfadada con mi mamá. Le dije que quería volver a San Jerónimo. Ella me dijo: "¿Sin agua, sin luz, sin baño...? ¿Eso quieres? Aquí podrás estudiar, tener un futuro". Tuve que ir a la escuela, y aunque al principio fue duro y lo pasé mal, luego encontré un grupo de amigas y amigos. Ahora soy feliz aquí y estoy estudiando para ser ayudante de laboratorio.

Pienso en Colombia y sé que volveré de vacaciones. Es mi tierra, pero aquí estoy bien.

a. ¿Dónde vivía Leyde? ....

b. ¿Cómo era su casa? ....

c. ¿Por qué emigró a España? ....

d. ¿Qué es lo que no le gustó de su nueva vida? ....

MI GRAMÁTICA

CAUSA

- **¿Por qué** emigró la mamá de Leyde?
- **Porque** quería una vida mejor.

→ Gramática, p. **96**

2 **¿Ha cambiado cómo se siente Leyde en España? ¿Por qué?**

3 **En grupos,** pensad **cuáles son las razones por las que emigran las personas y** escribidlas**. Luego** compartid **vuestras ideas con el resto de la clase.**

Nosotros pensamos que la gente emigra, sobre todo, porque quiere dar una vida mejor a sus hijos. Y también porque...

Taller de lengua 3

ENTREVISTA A UN/A MIGRANTE → p. 103

LLEVAR + GERUNDIO, SEGUIR + GERUNDIO

Para hablar de una acción que empezó en el pasado y todavía continúa.

llevar + gerundio

Marta lleva trabajando como arquitecta tres años. = *Marta trabaja como arquitecta desde hace tres años.*

seguir + gerundio

Pedro sigue hablando por teléfono. = *Pedro todavía está hablando por teléfono.*

1 Transforma **las frases.**

a. Héctor estudia chino desde hace dos años. → *Héctor lleva estudiando chino dos años.*

b. Juan todavía trabaja en la fábrica de coches. → ....

c. Úrsula todavía pinta cuadros. → ....

d. Silvia y Héctor aún viven en Jérez. → ....

e. Nosotros nos preparamos para el maratón desde hace cinco meses. → ....

EL PRESENTE DE SUBJUNTIVO

Formación

HABLAR	COMER	VIVIR
hable	coma	viva
hables	comas	vivas
hable	coma	viva
hablemos	comamos	vivamos
habléis	comáis	viváis
hablen	coman	vivan

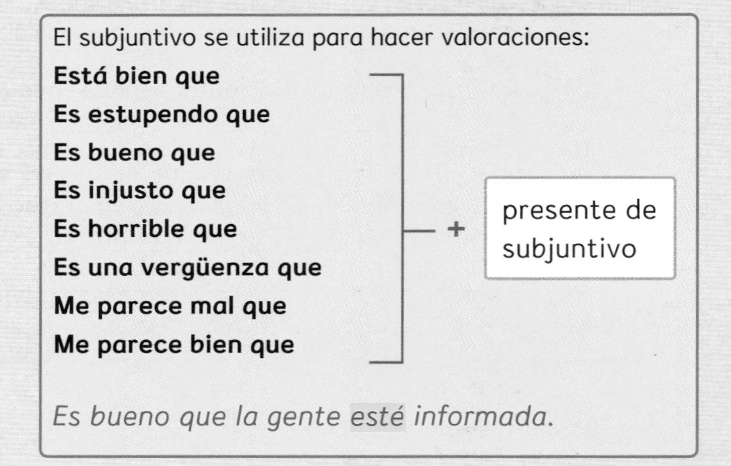
El subjuntivo se utiliza para hacer valoraciones:

Está bien que
Es estupendo que
Es bueno que
Es injusto que
Es horrible que
Es una vergüenza que
Me parece mal que
Me parece bien que

\+ presente de subjuntivo

Es bueno que la gente esté informada.

Verbos con irregularidades en el presente de indicativo.

PEDIR (E → I)	PENSAR (E → IE)	DORMIR (O → U)
pida	piense	duerma
pidas	pienses	duermas
pida	piense	duerma
pidamos	pensemos	durmamos
pidáis	penséis	durmáis
pidan	piensen	duerman

TENER	HACER	DECIR
tenga	haga	diga
tengas	hagas	digas
tenga	haga	diga
tengamos	hagamos	digamos
tengáis	hagáis	digáis
tengan	hagan	digan

EL PRESENTE DE SUBJUNTIVO

Verbos irregulares

Verbos con irregularidades propias.

SER	IR	HABER	ESTAR
sea	vaya	haya	esté
seas	vayas	hayas	estés
sea	vaya	haya	esté
seamos	vayamos	hayamos	estemos
seáis	vayáis	hayáis	estéis
sean	vayan	hayan	estén

2 Escribe **el infinitivo de estas formas verbales, di si están en presente de indicativo o de subjuntivo y completa la otra casilla con la forma correspondiente de la misma persona.**

	Infinitivo	Indicativo	Subjuntivo
hablan	*hablar*	*X*	*hablen*
trabajes			
duerme			
miremos			
vayas			
puedo			
escribimos			
sean			
hayan			
digáis			
pensamos			
piden			
cantéis			
leo			

3 Escoge **la opción adecuada en cada caso.**

a. Me parece importante que **aprendemos** / **aprendamos** varios idiomas en el colegio.

b. Está bien que no **puedas** / **puedes** utilizar el móvil en clase.

c. Es bueno que los niños **hagan** / **hacen** los deberes todos los días.

d. Me parece mal que los chicos y las chicas **están** / **estén** en grupos separados.

e. Es una vergüenza que no **tenemos** / **tengamos** más días de vacaciones.

f. Está bien que los alumnos **preparan** / **preparen** un debate.

g. Es una vergüenza que el transporte público no **funcione** / **funciona** bien.

h. Es estupendo que **participes** / **participas** en el festival de fin de curso.

4 Completa estas frases utilizando el presente de subjuntivo.

a. Me parece muy mal que los migrantes no (TENER) .... los mismos derechos.
b. Está muy bien que la gente (PEDIR) .... igualdad.
c. Es injusto que todos los niños no (PODER) .... acceder a la educación.
d. Está muy bien que la gente (LUCHAR) .... por un mundo mejor.
e. Es estupendo que los ayuntamientos (CREAR) .... oficinas de ayuda a los inmigrantes.
f. Me parece bien que (HABER) .... iniciativas para combatir el racismo.
g. Es bueno que (PENSAR, TÚ) .... en solucionar los problemas del mundo.
h. Es importante que (CONOCER, NOSOTROS) .... la situación de estas personas.
i. Me parece mal que las personas más pobres no (RECIBIR) .... ayudas.
j. Es una vergüenza que no (HACER, TÚ) .... nada para resolver esta situación.

CAUSA Y FINALIDAD

Para preguntar la **causa** se emplea **¿por qué?** y para indicar una **causa**, **porque**.

Para preguntar → **¿Por qué...?**

Para indicar → **Porque** + verbo conjugado

● *¿Por qué se va de su país?*
○ *Porque quiere estudiar una carrera.*

Por se utiliza para expresar:

- Causa:
Emigró a España por sus hijos. (a causa de)
- Lugar de paso:
El autobús pasa por Bogotá.
- Expresiones de tiempo:
Hoy por la tarde voy a una fiesta de homenaje a mi país.
- Intercambio:
Cambio recetas de cocina mexicana por recetas de cocina española.

Para preguntar la **finalidad** se emplea **¿para qué?** y para indicar una **finalidad**, **para**.

Para preguntar → **¿Para qué...?**

Para indicar → **Para** + infinitivo

● *¿Para qué se va de su país?*
○ *Para estudiar una carrera.*

Para se utiliza para expresar:

- Destinatario:
Este billete es para su hijo.
- Finalidad:
con **infinitivo**:
Escribo este mensaje para felicitar a mi madre.
con **que** + **subjuntivo**:
Paula vuelve a Colombia para que su hijo conozca a su abuela.

5 Completa las frases.

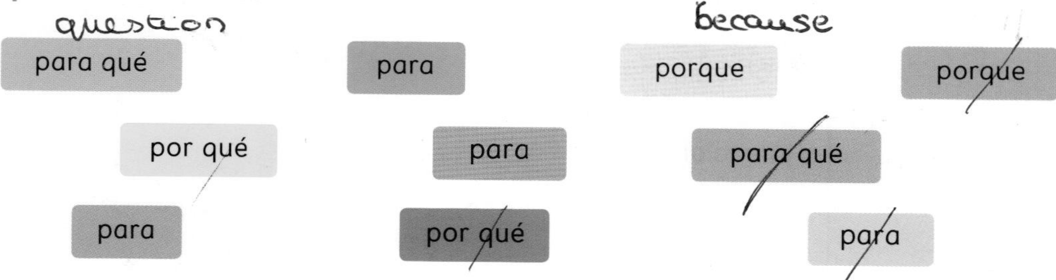

a. Me he inscrito como voluntaria .... enseñar español a inmigrantes.

b. ● ¿.................... estáis estudiando las migraciones?

○ .... un fenómeno muy importante.

c. ● ¿.................... te has trasladado a Guatemala?

○ .... estoy participando en un proyecto de ayuda a la infancia.

d. Hemos creado una asociación .... ayudar a los inmigrantes.

e. ● ¿.................... viajas a Estados Unidos?

○ .... ver a mi hermana. Ahora ella vive allí.

f. ● ¿.................... quieres llamar a la embajada?

○ .... pedir información.

6 Escoge la opción adecuada en cada caso.

a. ¿Por / Para qué sirve estudiar idiomas?

b. Han hecho una canción por / para concienciar a la gente.

c. Podemos quedar por / para la mañana por / para ir al parque.

d. Hemos comprado las entradas por / para 30 euros cada una.

e. Llevo dinero por / para comprar los libros.

f. Muchas familias emigran por / para necesidad.

g. Hoy he pasado por / para tu casa.

h. Este verano pasaremos por / para Granada.

7 Lee las frases e indica qué expresa por y para en cada caso.

a. Trabajo para pagar la universidad.

b. Volvió a su país para conocer a su sobrino.

c. Discutió con sus amigos por su hermana.

d. Manuel emigró para encontrar un trabajo mejor.

e. Cambio los libros de primero por los de segundo.

f. Encendió el teléfono para llamar a su madre.

g. Esta fiesta es para la abuela María.

h. Por las mañanas voy al gimnasio.

i. Salimos pronto de casa para llegar puntuales al instituto.

LA MULTICULTURALIDAD

el idioma
la lengua
enseñar
ayudar a | entender / hacer los deberes
ayudar con | los deberes / el inglés
dominar | el inglés / el español

comunicarse
└ la comunicación
mezclar
└ la mezcla
ser bilingüe
└ el bilingüismo
estar en contacto con
└ el contacto

LAS MIGRACIONES

TODOS SOMOS

EMIGRAR

trasladarse a
ser de origen
separarse
llamar por teléfono
mandar dinero

ahorrar
echar de menos
volver a
trabajar como

LA MULTICULTURALIDAD

1 Lee **las definiciones y** escribe **las palabras.**

a. Una persona que habla dos idiomas es...
B _ _ _ _ _ _ _

b. Lengua. I _ _ _ _ _

c. Controlar algo muy bien. D_ _ _ _ _ _

d. Un sinónimo de *combinar*. M _ _ _ _ _ _

e. Hacer que alguien aprenda algo. E _ _ _ _ _ _

f. Un sinónimo de *hablar*. C _ _ _ _ _ _ _ _ _ _

EMIGRAR

2 Completa **las frases.**

manda — trabaja de — ha ahorrado — se han trasladado

a. Pedro .... cocinero en un restaurante.

b. María .... dinero para pagar sus estudios.

c. Carlos .... dinero a su familia todos los meses.

d. Hugo y Paula .... al pueblo.

LA OPINIÓN

Estoy a favor
Estoy en contra

Estoy a favor	de mezclar lenguas del *espanglish*
Estoy en contra	de mezclar lenguas del *espanglish*

Me parece	bien mal	la mezcla de lenguas

OPINAR Y VALORAR

HERMANOS

VALORAR

Es	justo injusto horrible malo estupendo fantástico bueno	Está	bien mal

LA OPINIÓN

3 Escribe **3 opiniones a favor y 3 en contra.**

Estoy a favor de...	Estoy en contra de...
....	....
....	....
....	....

VALORAR

4 Completa **las frases.**

Para hacer una valoración positiva utilizo...
....
....

Para hacer una valoración negativa utilizo...
....
....

5 ¡Crea tu propio mapa mental! **Escribe las palabras que te interesan de esta unidad, piensa en otras que necesitas para hablar de la emigración o mezcla de culturas y añade fotos y dibujos para ilustrar las más difíciles.**

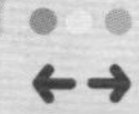

https://www.laventana.rep

LA VENTANA

~ PERIÓDICO DIGITAL ~

En este número de *La Ventana* hablamos de un movimiento artístico presente en las ciudades de Los Ángeles y San Diego.

EL ARTE CHICANO

1 Se les llama chicanos a los ciudadanos estadounidenses de origen mexicano o a las personas nacidas en Estados Unidos de origen mexicano.

El movimiento artístico chicano lucha por el respeto 5 a sus orígenes. Desde los años 70, existen numerosos artistas (escritores, pintores, músicos, actores...) que participan en esta corriente. Muchas de sus obras muestran temas y elementos relacionados con la cultura mexicana y son reivindicativos.

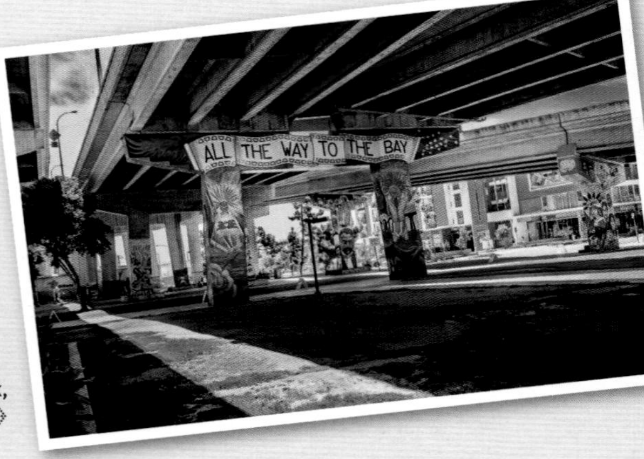

Chicano Park, en San Diego

La Virgen de Guadalupe, patrona de México (Chicano Park, San Diego)

John Valadez, *A Day in El Paso del Norte* (fragmento) (1993)

John Valadez

Es un artista chicano nacido en EE. UU. Ha pintado varios murales en los que muestra la vida cotidiana en ciudades estadounidenses con gran presencia de latinos, como Los Ángeles o El Paso.

"ARTIVISTAS" DEL PARQUE CHICANO

1 En el barrio Logan, en la ciudad de San Diego, el 80 % de la población es de origen hispano. Allí hay una larga tradición de "artivistas" (artistas comprometidos con los derechos de su comunidad),
5 que pintan sus murales en un parque llamado **Chicano Park**, un verdadero museo al aire libre.

Mujer con atuendo azteca, Chicano Park, San Diego

¿CÓMO VIVEN EL MESTIZAJE CULTURAL LOS HISPANOS DE EE. UU.?

The Mobile Movement Presents: #BetweenTwoWorlds, AT&T (2014)

1 ¿Verdad o mentira?

a. Los chicanos son personas de origen latino que viven en EE.UU.

b. La mayoría de la población del barrio Logan es de origen latino.

c. El Chicano Park es conocido por sus conciertos de música en la calle.

2 ¿Qué es un "artivista"?

3 Observa las obras de arte de las fotografías. ¿Qué elementos relacionados con la cultura mexicana reconoces?

4 Observa el mural de John Valadez y descríbelo.

5 Mira el vídeo y responde a las preguntas.

a. ¿En qué lenguas hablan los jóvenes?

....

b. ¿De qué países son sus familiares?

....

c. ¿Les gusta tener influencias de dos culturas?

....

¡Eres periodista!

¿Quieres ver más cosas del Chicano Park?

1. Escribe "Chicano Park" en un buscador.
2. Clica en "Imágenes".
3. Elige un mural que te guste.
4. Descríbelo. ¿Reivindica o denuncia algo?
5. Explícalo a tus compañeros.

Educación en valores

¡BOZA!, LA OBRA QUE DERRUMBA MUROS

CRÍTICA DE TEATRO

No son actores profesionales, son inmigrantes de seis nacionalidades distintas que suben al escenario para contarnos la realidad que viven en nuestro país. Nos muestran su viaje, lo que tuvieron que pasar hasta llegar aquí, nos hablan de sus sueños y también de lo que han dejado atrás. Son jóvenes llenos de vida y de ilusiones que conocen el dolor del que ha tenido que emigrar y la angustia de la soledad. Saben que de ellos depende su futuro y el presente de la familia que han dejado atrás. Están llenos de vida, son fuertes, nobles, dignos, bellos…, pero se quejan de que no los vemos así, en realidad no los vemos, y cuando lo hacemos solo los vemos como negros, como diferentes, porque esa es la etiqueta que les ponemos.

En el grupo Teatro sin papeles no hay actores profesionales, son personas como tú, como yo, que han elegido el teatro para defender sus derechos y denunciar el racismo, la falta de empatía, las dificultades que les pone la sociedad para integrarse y trabajar aquí, la indiferencia o el odio con el que se los trata… Nos cuentan quiénes son y cómo viven, nos hablan de su vida entre nosotros, de sus dificultades, y lo hacen con la fuerza de su verdad, porque hablan desde lo más profundo. No hay rencor en sus palabras. La ilusión brilla en sus ojos.

Al terminar la representación, la emoción que nos han transmitido es tan intensa que por un momento pensamos que los muros que nos separan no existen, han caído.

Gracias, Teatro sin papeles, por todo lo que nos habéis enseñado. Ahora somos un poco más sabios.

↑ Adaptado de un texto de Carlos Olalla, en *LQS*, marzo 2018

1 Reflexiona. **¿El teatro puede ser una forma de denuncia? ¿Has visto alguna obra que te haya causado impacto?**

2 Lee **el texto y** responde.

a. ¿Cómo se llama el grupo de teatro que representa esta obra?

b. ¿Qué característica especial tienen los actores? ¿Cuál es la finalidad de esta obra de teatro?

3 Opina. **¿Hay racismo en nuestra sociedad? Pon ejemplos para justificar tu respuesta.**

4 Actúa. **Pensad un tema para una obra de teatro que denuncie algún problema que vosotros/as sentís como propio. Buscad un título. Redactad un resumen.**

Taller 1 • LECCIÓN 1

LAS LENGUAS DE LA CLASE

Nos preparamos

1. Vais a hacer un **mural con las lenguas de la clase**. Primero, en parejas os preguntáis cuántas lenguas habláis y cuáles son.
2. Con esa información, **escribid** en la pizarra **todas las lenguas de la clase**. Luego, los/las que hablan más de una lengua cuentan a la clase cuáles son las **ventajas** de conocer esas lenguas. Tomad notas.

Lo creamos

3. En grupos, **elaborad** un mural con la lista de las lenguas que se hablan o entienden en la clase y las ventajas de cada una. Lo podéis ilustrar con **fotos** o **dibujos**.

Lo presentamos

4. **Compartid** vuestros murales con el resto de la clase. ¿Cuál muestra mejor toda la información? ¿Cuál es más atractivo?

Taller 2 • LECCIÓN 2

ENCUESTA SOBRE TEMAS ESCOLARES

→ **Alternativa digital**

Cread una presentación digital con gráficos.

Nos preparamos

1. Vamos a **realizar una encuesta** sobre temas que nos preocupan en nuestro centro. En grupos de 5 o 6, **haced una lista** de 5 o 6 preguntas. Por ejemplo: *¿Estás de acuerdo con la prohibición de usar el móvil en el cole?*
2. Luego, r**epartíos las preguntas.** Cada alumno/a hace una parrilla para anotar las opiniones de los/las compañeros/as y les hace su pregunta.

Lo creamos

3. De nuevo en grupos, **recoged los resultados de las preguntas** y convertidlos en estadísticas (por ejemplo: *qué tanto por ciento de la clase está de acuerdo con la prohibición de usar el móvil en el colegio*).
4. **Elaborad un póster** con las preguntas y las estadísticas de las respuestas.

Lo presentamos

5. **Mostrad vuestro póster** a la clase y **explicad** los resultados. ¿Hay alguna información sorprendente?

Taller 3 • LECCIÓN 3

ENTREVISTA A UN/A MIGRANTE

→ **Alternativa digital**

Grabad la entrevista en vídeo.

Nos preparamos

1. Vamos a **representar una entrevista** a un/a migrante. En parejas **inventad** la historia de una persona que migró por alguna razón. Pensad en los siguiente **datos**: nombre, edad, país de origen, país de acogida, causas de la migración, dificultades, situación actual...

Lo creamos

2. **Cread un guion** con las preguntas y las respuestas. La entrevista debe durar, como máximo, 3 minutos.

Decidid quién es el/la **periodista** y quién el/la **migrante**. Ensayad una o dos veces.

Lo presentamos

3. **Representad** vuestra **entrevista** a la clase sin leer el guion; tiene que ser lo más realista posible.

CÓMO CREAR UN MAPA MENTAL

Mis estrategias

1 ¿Para qué sirve un mapa mental?

- Los mapas mentales permiten organizar los contenidos de una unidad, un texto, etc., de la forma que más te ayude a entenderlos y a recordarlos.
  En la asignatura de Español, puedes hacer mapas mentales de léxico, de gramática, de cultura, etc.

2 Elige el tema

- No se pueden hacer mapas mentales sobre todos los temas. Piensa en alguno que puedas transformar en un esquema, que puedas organizar en categorías...

3 Crea tu mapa mental

- Busca en tu libreta o en tus apuntes y en tu libro toda la información sobre el tema elegido.
- Agrupa los diferentes elementos. ¿Puedes establecer subgrupos? ¿Hay elementos que dependen de otros?
- Dibuja tu mapa. Puede tener forma de árbol, de conjunto de cajas...
- Usa símbolos (➔, =, ≠...) y destaca la información importante con colores, dibujos y todo lo que creas que puede ayudarte.

Un caso práctico — Unidad 1, Mi gramática. El imperativo negativo → p. 24

¡Pon en práctica las estrategias anteriores para crear un mapa mental del imperativo!

CREA TU MAPA MENTAL

a. Copia este mapa mental en tu cuaderno y complétalo con todos los verbos irregulares que conoces.

b. Personalízalo con los colores, las formas y los símbolos que quieras. Añade comentarios personales, ¡hasta puedes añadir alguna cosa graciosa si eso te ayuda!

c. Señala los elementos difíciles para ti.

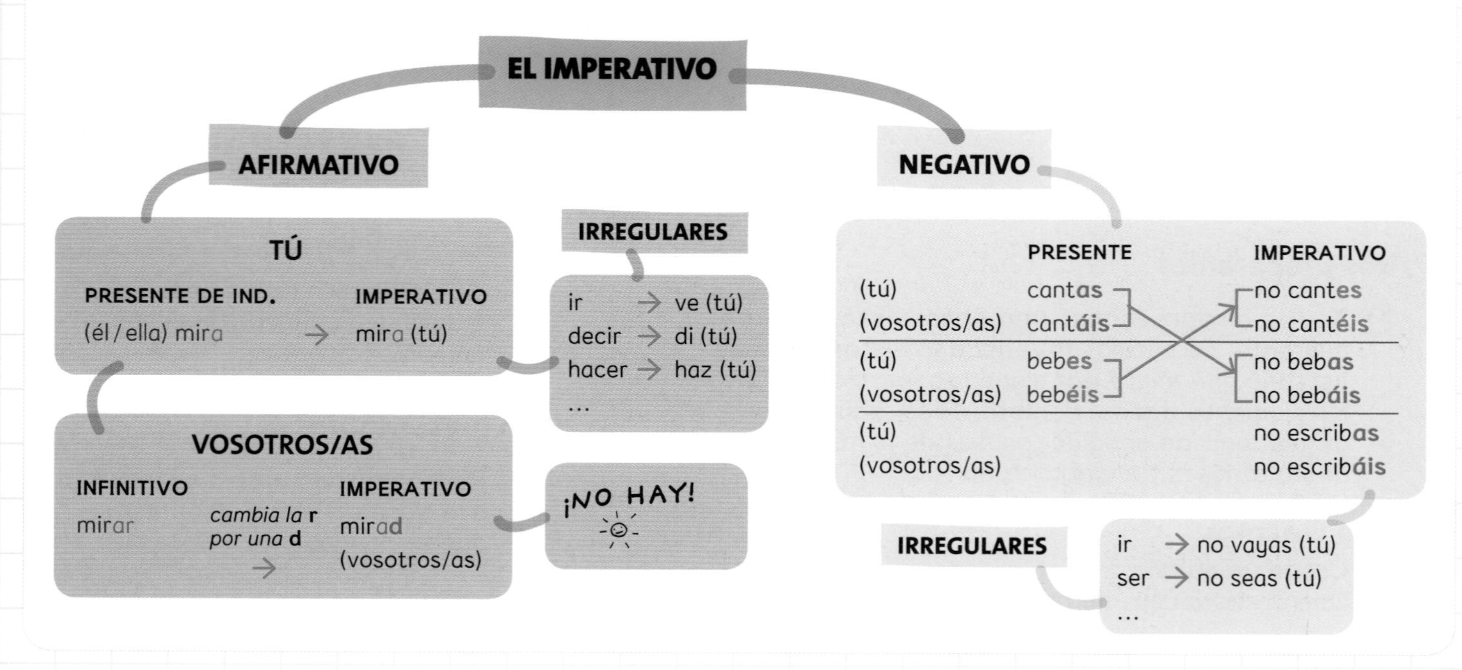

CÓMO BUSCAR Y VERIFICAR INFORMACIÓN

Mis estrategias

1 Decide lo que quieres o necesitas saber

- Seguramente puedes relacionar cosas que has aprendido con cosas que ya sabes. ¿Cuáles?
- Piensa en qué te interesa saber relacionado con el tema. Escríbelo, te ayudará a buscar la información.

2 Busca información y verifícala

- Hay muchas fuentes de información posibles: páginas de internet, revistas, libros, personas... Reflexiona sobre qué es mejor consultar en cada caso.
- Pregúntate siempre: ¿la información es fiable? Para saberlo, busca en más de una fuente y compáralas. Elige la que te parezca más útil y objetiva.

3 Enriquece tu cultura general

- Mira películas o lee libros del tema sobre el que quieres más información.
- Comenta lo que has aprendido con otras personas: tu familia, tus compañeros de clase... Así lo recordarás mejor y, además, podrás formarte tu propia opinión.

Un caso práctico — Unidad 2, Lección 1. ¿Qué historias van contigo?

→ p.34

¡Pon en práctica las estrategias anteriores para buscar información!

DECIDE LO QUE QUIERES SABER

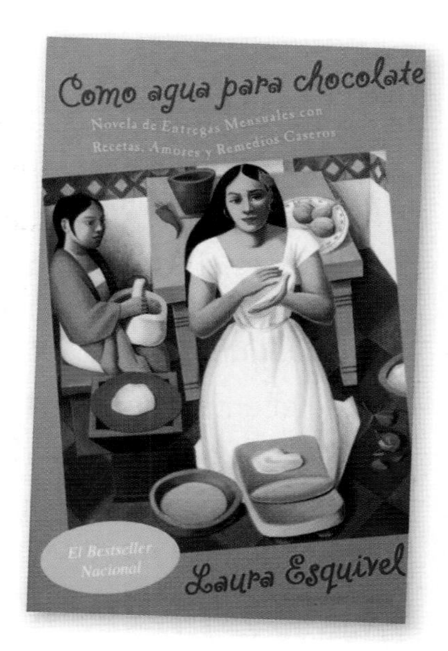

a. Investiga sobre algún libro con el que has trabajado en esta lección. Anota ideas:
- ¿Cuál es el contexto histórico del argumento del libro?
- ¿Cuándo se publicó?
- ¿Cuándo nació el/la autor/a? ¿Qué edad tenía cuando lo escribió?
- ¿Tiene algo especial este libro? ¿Qué dicen los críticos?
- ¿Existe alguna película basada en él?

BUSCA INFORMACIÓN Y VERIFÍCALA

b. Escribe en un buscador palabras clave como "Como agua para chocolate crítica", "Como agua para chocolate, película" o, simplemente, el título del libro y el autor.

c. Elige las fuentes que probablemente tendrán información más fiable:
- La página web de la editorial que lo publicó.
- Críticas del libro en revistas, blogs culturales, canales de *booktubers*, etc.
- La página web del autor, si existe.
- Información sobre el autor en páginas web sobre cultura.

d. Pregunta a personas de tu entorno si conocen el libro o el/la autor/a y, en caso afirmativo, qué saben y qué opinan de él.

CÓMO MEJORAR LA COMPRENSIÓN AUDIOVISUAL

Mis estrategias

1 Antes de mirar un vídeo

- Reflexiona sobre todo lo que ya puedes saber.
  - ¿Hay alguna imagen o texto que te ayude? ¿Un fotograma, un título...?
  - ¿Qué tipo de vídeo es? ¿Es un documental, un programa de entretenimiento, una entrevista...?
  - ¿De dónde procede? ¿De un canal de televisión, de YouTube...?
- Piensa en tu objetivo. Si tienes que hacer una actividad, lee bien el enunciado y asegúrate de que lo entiendes.
- Seguro que podrás verlo más de una vez. En cada visionado, concéntrate en lo que necesites.

2 Mientras miras el vídeo

- Si no lo entiendes todo, es normal. Fíjate en las imágenes y recuerda la información que ya tienes. Te ayudarán a hacer suposiciones.

3 Para hacer la actividad

- Usa todos los elementos que tienes para responder: la información previa, la lógica... ¡Seguro que puedes decir más cosas de las que crees!

Un caso práctico

Unidad 2, Lección 1. ¿Cultura en las redes sociales? → p.35

¡Pon en práctica las estrategias anteriores para hacer esta actividad!

ANTES DE MIRAR EL VÍDEO

a. Responde a la pregunta 1: **¿Sabes qué es un *booktuber*?**

b. Observa el fotograma, la información sobre el vídeo y el vocabulario traducido. ¿Qué crees que hace Sebastián G. Mouret? ¿De qué va a hablar en el vídeo?

c. Lee el enunciado 2: **Mira el vídeo y compruébalo.** ¡Ya sabes que tu primer objetivo es muy fácil! Solo tienes que verificar tu respuesta a la pregunta 1.

d. Lee los enunciados 3 y 4 para saber a qué otras cosas deberás responder. Si hay algo que no entiendes, pregúntale a tu profesor/a antes de ver el vídeo.

MIENTRAS MIRAS EL VÍDEO

e. Durante el primer visionado, toma nota de la respuesta a la pregunta 1 y procura hacerte una idea general del mensaje.

f. Durante el segundo visionado, toma notas en tu cuaderno de todo lo que te pueda ayudar a responder. Luego copia lo necesario en la ficha. Si puedes ver el vídeo otra vez, concéntrate solamente en la información que te falta.

g. Para responder a la pregunta 4: **¿Crees que le ha gustado el libro a Sebas?**, su cara y su actitud te pueden ayudar.

CÓMO MEJORAR LA INTERACCIÓN ORAL

Mis estrategias

1 Antes de una conversación

- Piensa en el contexto de comunicación y en el mensaje que quieres dar.
  - ¿Quién es tu interlocutor/a?
  - ¿Cuál es tu objetivo?
  - ¿Qué quieres decir? Escribe una lista de temas y argumentos.
  - ¿Cómo quieres decirlo? Memoriza las ideas clave y utiliza conectores para estructurar tus ideas.

2 Mientras hablas

- Mira a tu interlocutor/a y elige tu postura: ¡con el cuerpo decimos muchas cosas!
- Al hablar, haz pausas breves. Como es una conversación, puedes dudar, reformular, retomar algo que has dicho antes...

3 Mientras escuchas

- Quizá no entiendas todo lo que te dicen. Concéntrate en la información importante y en el sentido general del mensaje.
- Escucha a tu interlocutor/a y adapta tu discurso a lo que dice la otra persona.

Un caso práctico

Unidad 3, Taller de lengua 3. Una entrevista de trabajo

→ p. 67

¡Pon en práctica las estrategias anteriores para hacer este taller de lengua!

ANTES DE LA CONVERSACIÓN

a. Prepara lo que vas a decir:
- Si eres el / la entrevistador/a, escribe las preguntas para los candidatos y define tu criterio de selección.
- Si eres un/a candidato/a, toma notas: ¿por qué quieres este trabajo?, ¿por qué crees que estás capacitado/a para hacerlo?, ¿qué habilidades y experiencia tienes?

b. Anticipa las preguntas de tu interlocutor/a:
- Si eres el / la entrevistador/a: ¿qué detalles te pueden preguntar sobre el trabajo?
- Si eres un/a candidato/a: ¿qué te pueden preguntar sobre los requisitos del trabajo, tus habilidades y tu experiencia?, ¿cómo vas a defender tus puntos débiles?

c. Prepara frases o ideas clave y ensaya. Para las frases, utiliza conectores como **y**, **además**, **pero**, **por eso**, **primero**, **después**, **entonces**...

MIENTRAS HABLAS Y ESCUCHAS

d. Tu postura corporal debe ser adecuada para una entrevista de trabajo: formal, pero también natural. Debes transmitir confianza.

e. Adapta tu discurso a las preguntas o a las respuestas: ¡no digas lo que has memorizado sin escuchar antes!

Resumen gramatical

EL ALFABETO

A **a**	H **hache**	Ñ **eñe**	T **te**
B **be**	I **i**	O **o**	U **u**
C **ce**	J **jota**	P **pe**	V **uve**
D **de**	K **ka**	Q **cu**	W **uve doble**
E **e**	L **ele**	R **erre**	X **equis**
F **efe**	M **eme**	RR **erre doble**	Y **ye**
G **ge**	N **ene**	S **ese**	Z **zeta**

 En español, los nombres de las letras son femeninos: **la** be, **la** equis, **la** ele.

LA PRONUNCIACIÓN

B - V

La **b** y la **v** se pronuncian igual: **barco**, **vivir**. [b]

C - QU

La **c** delante de	**a** **o** **u**	se pronuncia como	**casa** [k] **comida** [k] **Curro** [k]
La **qu** delante de	**e** **i**	se pronuncia como	**queso** [k] **equis** [k]

C - Z

La **c** delante de	**e** **i**	se pronuncia como	**once** [θ] **cinco** [θ]
La **z** delante de	**a** **o** **u**	se pronuncia como	**pizarra** [θ] **zoo** [θ] **zumo** [θ]

G - J

La **g** delante de	**e** **i**	se pronuncia como	**gente** [x] **elegir** [x]
La **j** delante de	**a** **o** **u**	se pronuncia como	**jamón** [x] **jota** [x] **jugo** [x]

 También existen palabras con **j** delante de **e** o **i**: **jefe**, **jirafa**.

G - GU

La **g** delante de	**a** **o** **u**	se pronuncia como	**gato** [g] **gota** [g] **gustar** [g]
La **gu** delante de	**e** **i**	se pronuncia como	**portugués** [g] **guitarra** [g]

H

La **h** no se pronuncia: **hola**.

R

Entre vocales, la **r** se pronuncia como un sonido débil: **cultura**. [r]
Se pronuncia como un sonido fuerte cuando va a principio de una palabra y cuando se escribe **rr**: **Roma**, **perro**. [r]

LOS NÚMEROS

0 cero	15 quince	30 treinta	200 doscientos
1 uno	16 dieciséis	31 treinta y uno	300 trescientos
2 dos	17 diecisiete	32 treinta y dos	400 cuatrocientos
3 tres	18 dieciocho	33 treinta y tres	500 quinientos
4 cuatro	19 diecinueve	...	600 seiscientos
5 cinco	20 veinte	40 cuarenta	700 setecientos
6 seis	21 veintiuno	41 cuarenta y uno	800 ochocientos
7 siete	22 veintidós	...	900 novecientos
8 ocho	23 veintitrés	50 cincuenta	1000 mil
9 nueve	24 veinticuatro	60 sesenta	2000 dos mil
10 diez	25 veinticinco	70 setenta	...
11 once	26 veintiséis	80 ochenta	10 000 diez mil
12 doce	27 veintisiete	90 noventa	100 000 cien mil
13 trece	28 veintiocho	100 cien	1 000 000 un millón
14 catorce	29 veintinueve	101 ciento uno/a	

Resumen gramatical

LOS ORDINALES

Masculino	Femenino
1.º → primero / primer	**1.ª** → primera
2.º → segundo	**2.ª** → segunda
3.º → tercero / tercer	**3.ª** → tercera
4.º → cuarto	**4.ª** → cuarta
5.º → quinto	**5.ª** → quinta
6.º → sexto	**6.ª** → sexta
7.º → séptimo	**7.ª** → séptima
8.º → octavo	**8.ª** → octava
9.º → noveno	**9.ª** → novena
10.º → décimo	**10.ª** → décima

Delante de un nombre masculino singular, se usan:
primer → *El primer premio del concurso es un coche.*
tercer → *Eres el tercer candidato.*

EL GÉNERO EN LOS NOMBRES Y EN LOS ADJETIVOS

Terminación en...

-o **masculino**		-a **femenino**
chic**o**	→	chic**a**
buen**o**	→	buen**a**

Terminación en...

-e **masculino**		-e **femenino**
estudiant**e**	→	estudiant**e**
canadiens**e**	→	canadiens**e**

Terminación en...

consonante **masculino**		-a / ø **femenino**
profeso**r**	→	profesor**a**
españo**l**	→	español**a**
particula**r**	→	particula**r**

consonante **masculino**		-a / ø **femenino**
inglé**s**	→	ingles**a**
alemá**n**	→	aleman**a**
especia**l**	→	especia**l**

EL PLURAL EN LOS NOMBRES Y EN LOS ADJETIVOS

Terminación en...

vocal **singular**		+ s **plural**
chic**o**	→	chico**s**
chic**a**	→	chica**s**
estudiant**e**	→	estudiante**s**

Terminación en...

consonante **singular**		+ es **plural**
profeso**r**	→	profesor**es**
españo**l**	→	español**es**
inglé**s**	→	ingles**es**
alemá**n**	→	aleman**es**

LOS ARTÍCULOS

Indeterminados

	MASCULINO	FEMENINO
SINGULAR	**un** chico	**una** chica
PLURAL	**unos** chicos	**unas** chicas

Los usamos para hablar de algo que se menciona por primera vez.

→ *Héctor es un amigo chileno de Jorge.*

→ *¿Te apetecen unas patatas?*

Determinados

	MASCULINO	FEMENINO
SINGULAR	**el** chico	**la** chica
PLURAL	**los** chicos	**las** chicas

Los usamos para hablar de algo que ya se ha mencionado antes o que se conoce.

→ *¿Dónde está el amigo chileno de Jorge?*

→ *Nos hemos comido todas las patatas.*

a + el = al → *¿Venís al cine?*

de + el = del → *Aquí está la bolsa del gimnasio.*

LOS CUANTIFICADORES

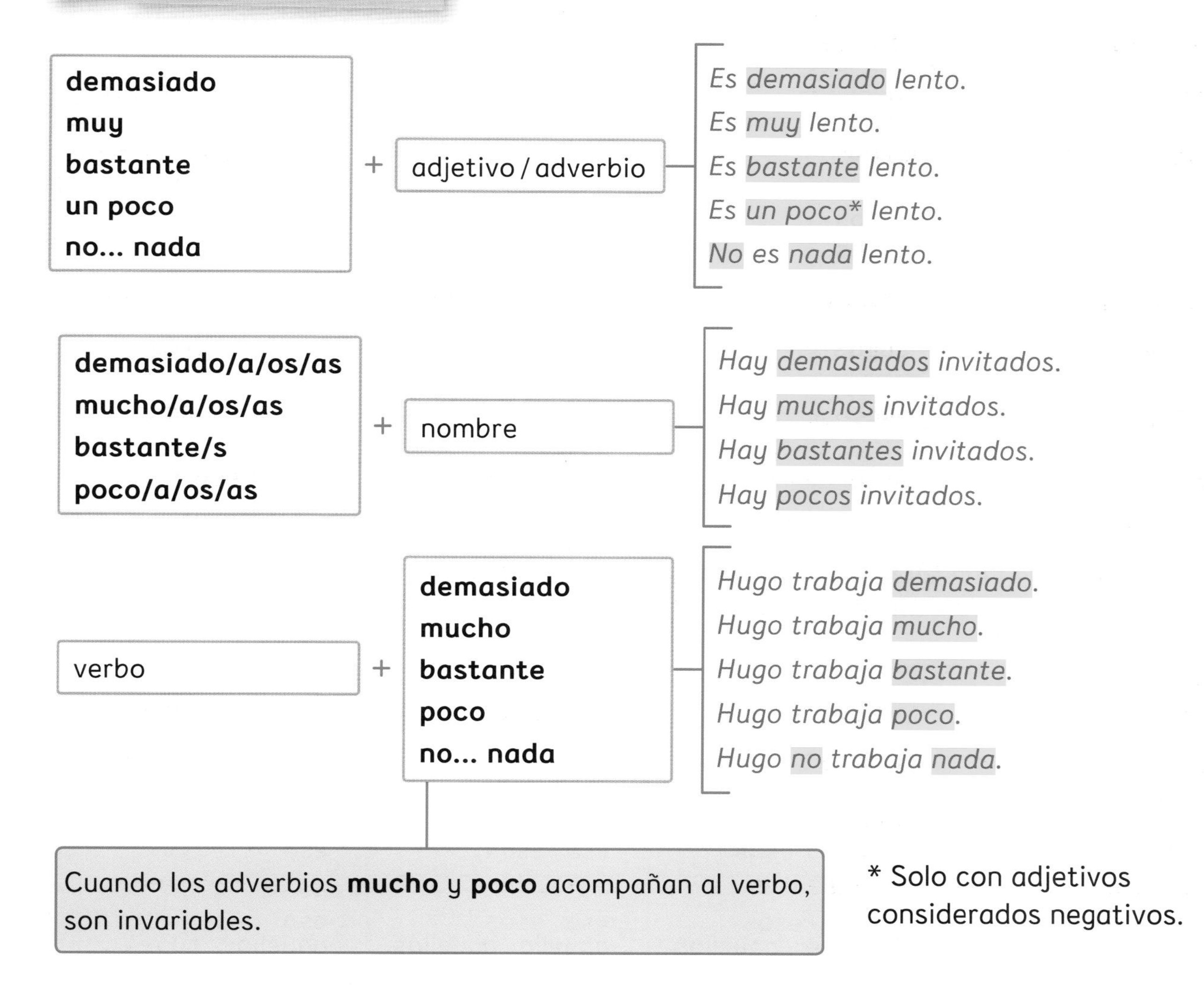

* Solo con adjetivos considerados negativos.

Resumen gramatical

LOS POSESIVOS ÁTONOS

Los adjetivos posesivos indican pertenencia o relación personal. Se colocan delante del sustantivo.

SINGULAR		PLURAL	
MASCULINO	**FEMENINO**	**MASCULINO**	**FEMENINO**
mi amigo	**mi** amiga	**mis** amigos	**mis** amigas
tu amigo	**tu** amiga	**tus** amigos	**tus** amigas
su amigo	**su** amiga	**sus** amigos	**sus** amigas
nuestro amigo	**nuestra** amiga	**nuestros** amigos	**nuestras** amigas
vuestro amigo	**vuestra** amiga	**vuestros** amigos	**vuestras** amigas
su amigo	**su** amiga	**sus** amigos	**sus** amigas

- Los posesivos **su** / **sus** pueden referirse a **él**, **ella**, **usted**, **ellos**, **ellas** o **ustedes**.
- Los posesivos correspondientes a **nosotros** / **as** y **vosotros** / **as** concuerdan en género y número con el sustantivo.

LOS PRONOMBRES POSESIVOS TÓNICOS

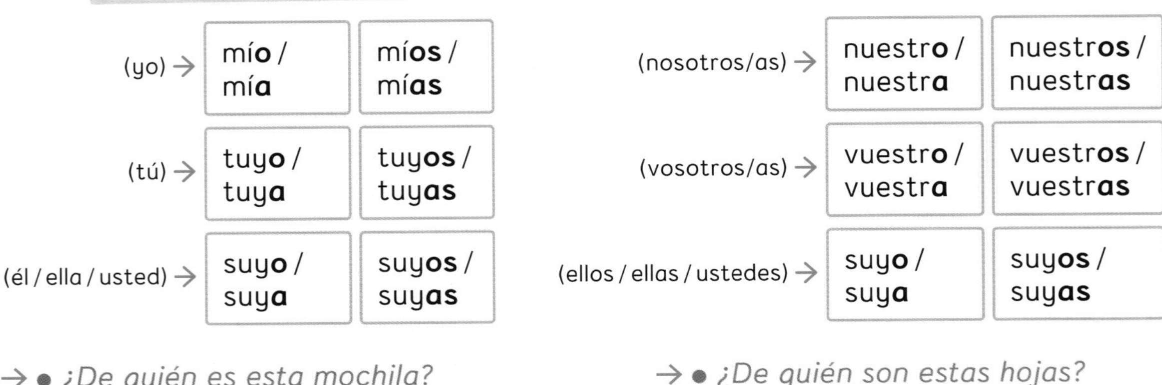

(yo) →	mí**o** / mí**a**	mí**os** / mí**as**
(tú) →	tuy**o** / tuy**a**	tuy**os** / tuy**as**
(él / ella / usted) →	suy**o** / suy**a**	suy**os** / suy**as**
(nosotros/as) →	nuestr**o** / nuestr**a**	nuestr**os** / nuestr**as**
(vosotros/as) →	vuestr**o** / vuestr**a**	vuestr**os** / vuestr**as**
(ellos / ellas / ustedes) →	suy**o** / suy**a**	suy**os** / suy**as**

→ ● *¿De quién es esta mochila?*
  ○ *Mía*.

→ ● *¿De quién son estas hojas?*
  ○ *Mías*.

Cuando se usan para no repetir un nombre, van precedidos de un artículo determinado:

→ ● *Mi jersey es de lana, ¿y el tuyo?* (tu jersey)
  ○ *El mío es de algodón.* (mi jersey)

LOS DEMOSTRATIVOS

	MASCULINO	FEMENINO	NEUTRO
CERCA DE QUIEN HABLA →	est**e** / est**os**	est**a** / est**as**	est**o**
CERCA DE QUIEN ESCUCHA →	es**e** / es**os**	es**a** / es**as**	es**o**
LEJOS DE LOS DOS →	es**e** / es**os** aquel / aquell**os**	es**a** / es**as** aquell**a** / aquell**as**	es**o** aquell**o**

Los demostrativos sirven para situar algo en el espacio: *¿De quién es esto? ¿De Juan?*

Y en el tiempo: *Este mes he ido de excursión dos veces.*

LOS INDEFINIDOS

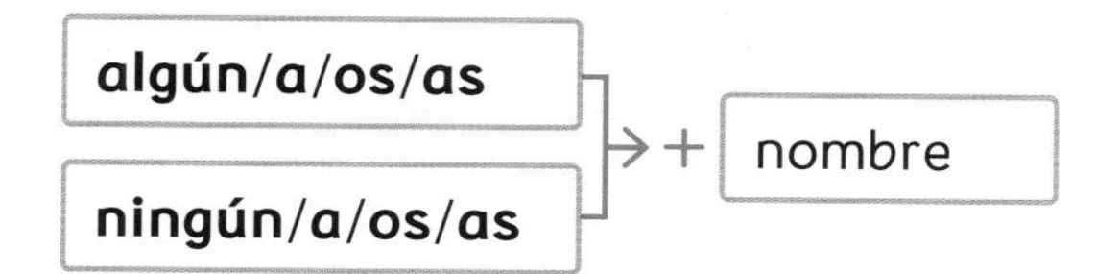

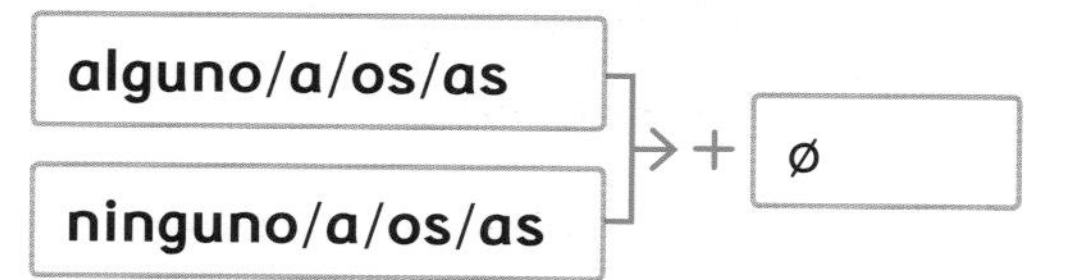

- *¿Hay alguna papelera?*
- *No, no hay ninguna.*

Delante de un nombre masculino singular, se usan:
algún → *¿Hay algún banco por aquí?*
ningún → *Ningún bolígrafo funciona.*

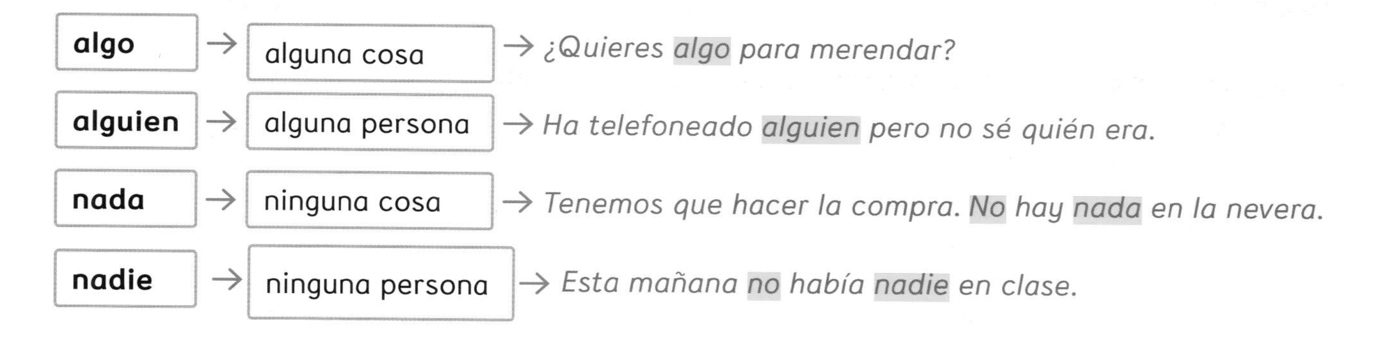

LOS PRONOMBRES DE CD

Los pronombres de CD se sitúan siempre delante del verbo, excepto con el infinitivo, el gerundio y el imperativo.

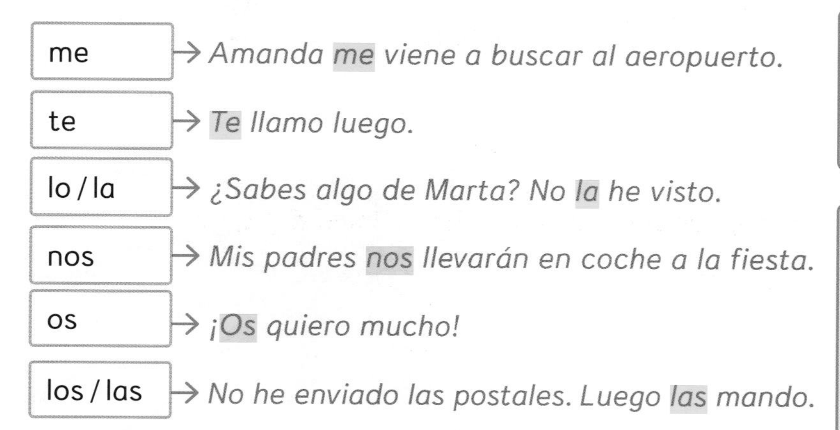

Utilizamos los pronombres personales para evitar la repetición del CD cuando este es conocido por los hablantes.
Estos libros los he sacado de la biblioteca.

Se sitúan siempre delante del verbo (excepto con el infinitivo, el gerundio y el imperativo).
La fruta siempre voy a comprarla a la frutería del barrio. = La fruta siempre la voy a comprar a la frutería del barrio..

Los complementos directos que se refieren a una persona van precedidos por la preposición **a**.

¿Ves a los niños? Creo que están en el parque.

El artista pintó a sus familiares en unos cuadros.

El otro día vi a Martín.

Resumen gramatical

LOS PRONOMBRES DE CI

Los pronombres de CI se sitúan siempre delante del verbo, excepto con el infinitivo, el gerundio y el imperativo.

Cuando el complemento indirecto aparece antes del verbo, el pronombre de CI es obligatorio.

A Jimena le han escrito un poema.
(A Jimena = CI)

* Al contrario de lo que sucede con los pronombres de CD, el pronombre de complemento indirecto se usa también cuando el CI está en la frase después del verbo.

Le han escrito un poema a Jimena.
(a Jimena = CI)

me	→ *¿Me dejas un boli, por favor?*
te	→ *Te recomiendo este libro. Es muy bueno.*
le	→ *Le he comprado una bici a Mario.**
nos	→ *Nos han dado unos pases para el concierto.*
os	→ *Os he hecho la cena.*
les	→ *Les han regalado unos relojes.**

LA COMBINACIÓN DE PRONOMBRES DE CD Y CI

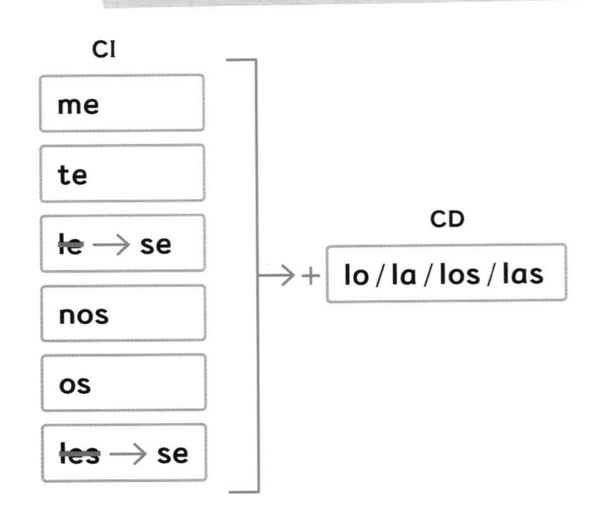

CI		CD
me	→ +	lo / la / los / las
te		
~~le~~ → se		
nos		
os		
~~les~~ → se		

→ *¿Te gusta? Me lo han enviado mis tíos de Chile.*
→ *Las pulseras nos las han regalado nuestros abuelos.*
→ *Este collar me lo hizo mi prima.*

le / les + lo → **se lo**
le / les + la → **se la**
le / les + los → **se los**
le / les + las → **se las**

- *¿Le has entregado el trabajo al profesor?*
- *No, se lo voy a entregar mañana.*

LAS FRASES INTERROGATIVAS

En español, ponemos un signo de interrogación al principio y al final de la pregunta.
→ *¿Cómo vas al gimnasio?*

Para formular preguntas, utilizamos:

- **qué** → *¿Qué llevas en la mochila? ¿Qué libro estás leyendo?*
- **quién, quiénes** → *¿Quién ha llamado? ¿Quiénes son sus primos?*
- **cuál, cuáles** → *¿Cuál es tu lápiz? ¿Cuáles son tus guantes?*
- **cómo** → *¿Cómo se llama el profesor? ¿Cómo has venido?*
- **dónde** → *¿Dónde veraneas? ¿Dónde está la biblioteca?*
- **cuándo** → *¿Cuándo es la conferencia? ¿Cuándo vendrás?*
- **cuánto/a/os/as** → *¿Cuánto aceite compro? ¿Cuánta sal echo a la comida? ¿Cuántos ordenadores hay en clase? ¿Cuántas botellas de agua quedan?*

Todos los interrogativos se escriben con tilde.

- **Cuánto/a/os/as** y **quién/es** concuerdan con el nombre o el verbo al que acompañan.

→ *¿Cuánto tiempo libre tienes?*
→ *¿Cuántas hojas necesitas?*
→ *¿Quién es ese chico de la mochila?*
→ *¿Quiénes son tus amigos?*

LAS PREPOSICIONES DE LOCALIZACIÓN Y MOVIMIENTO

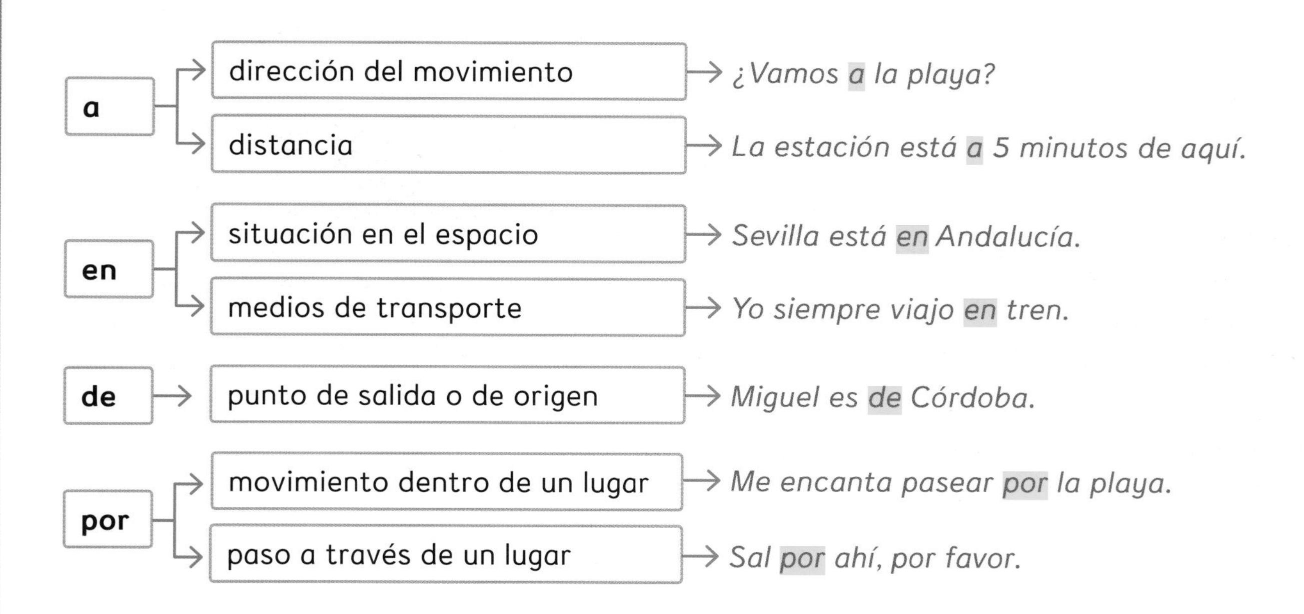

Resumen gramatical

LA COMPARACIÓN

Para comparar, en español utilizamos las siguientes estructuras:

- **de superioridad:**

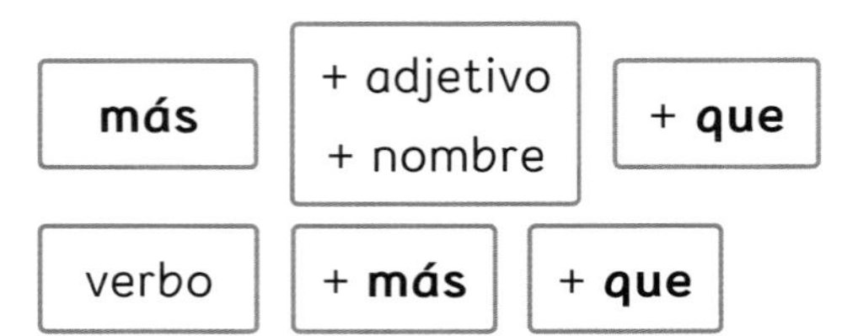

→ *Andalucía es más grande que Extremadura.*
→ *En Barcelona hay más motos que en Valencia.*
→ *Juan estudia más que Bruno.*

- **de inferioridad:**

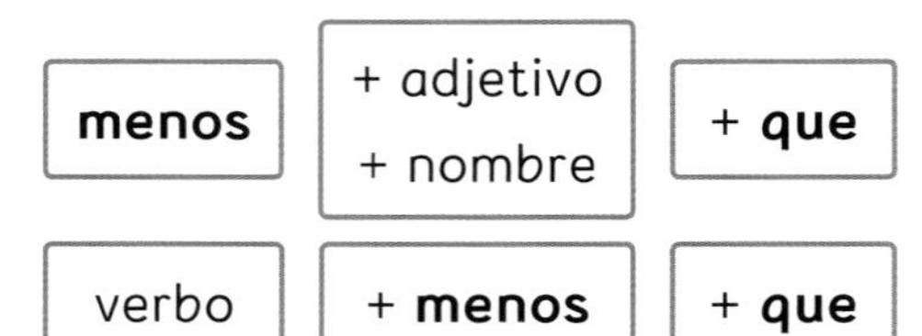

→ *Las carreteras son menos seguras que las autopistas.*
→ *En Zaragoza hay menos tráfico que en Madrid.*
→ *Carla come menos que Blanca.*

- **de igualdad:**

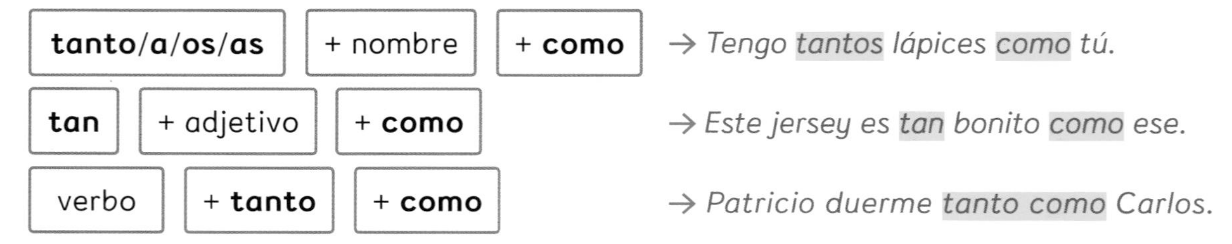

→ *Tengo tantos lápices como tú.*
→ *Este jersey es tan bonito como ese.*
→ *Patricio duerme tanto como Carlos.*

→ *Trabajo tantas horas como tú.*
→ = *Trabajo las mismas horas que tú.*
→ = *Trabajamos las mismas horas.*

→ *Tengo el mismo móvil que tú.*
→ *Nosotros vamos a la misma biblioteca.*
→ *¿Vamos a comprar los mismos caramelos que la semana pasada?*
→ *Roberto y Mauro tienen las mismas zapatillas.*

Además, existen algunos adjetivos y adverbios con comparativos especiales:

Adjetivos:		**Adverbios:**	
~~más bueno/a/os/as~~	→ **mejor/es**	~~más bien~~	→ **mejor/es**
~~más malo/a/os/as~~	→ **peor/es**	~~más mal~~	→ **peor/es**

→ *La redacción de Jessica es mejor que la de Nicolás.*

→ *Javiera escribe peor que Leo.*

EL SUPERLATIVO

- **Superlativo de superioridad**

el / la + nombre + **más** + adjetivo + (**de**)

→ *El país más grande del mundo es Rusia.*

- **Superlativo de inferioridad**

el / la + nombre + **menos** + adjetivo + (**de**)

→ *La zona menos tranquila del pueblo es el centro.*

Existen algunos superlativos especiales:

~~más bueno/a/os/as~~ → **mejor/es**
~~más malo/a/os/as~~ → **peor/es**

→ *Para mí, el peor momento del día es la noche. No me gusta nada.*

Resumen gramatical

TAMBIÉN, TAMPOCO

Para reaccionar ante las afirmaciones de otras personas, utilizamos:

- **también**, **tampoco** para expresar coincidencia;
- **yo sí**, **yo no** para expresar no coincidencia.

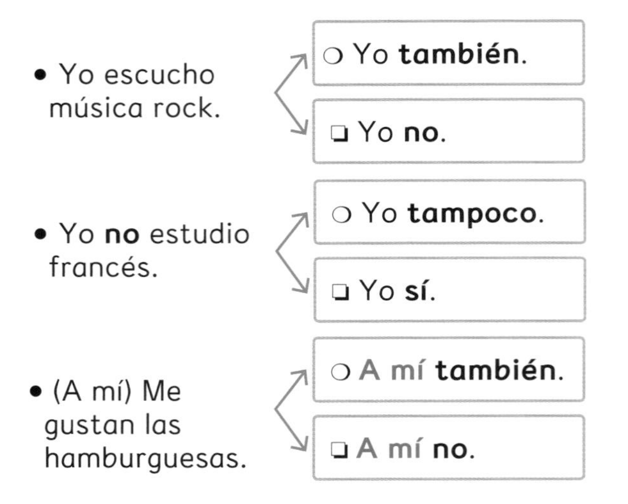

- Yo escucho música rock.
  - ❍ Yo **también**.
  - ❑ Yo **no**.
- Yo **no** estudio francés.
  - ❍ Yo **tampoco**.
  - ❑ Yo **sí**.
- (A mí) Me gustan las hamburguesas.
  - ❍ A mí **también**.
  - ❑ A mí **no**.

- (A mí) **No** me gustan los pájaros.
  - ❍ A mí **tampoco**.
  - ❑ A mí **sí**.

LA FRECUENCIA

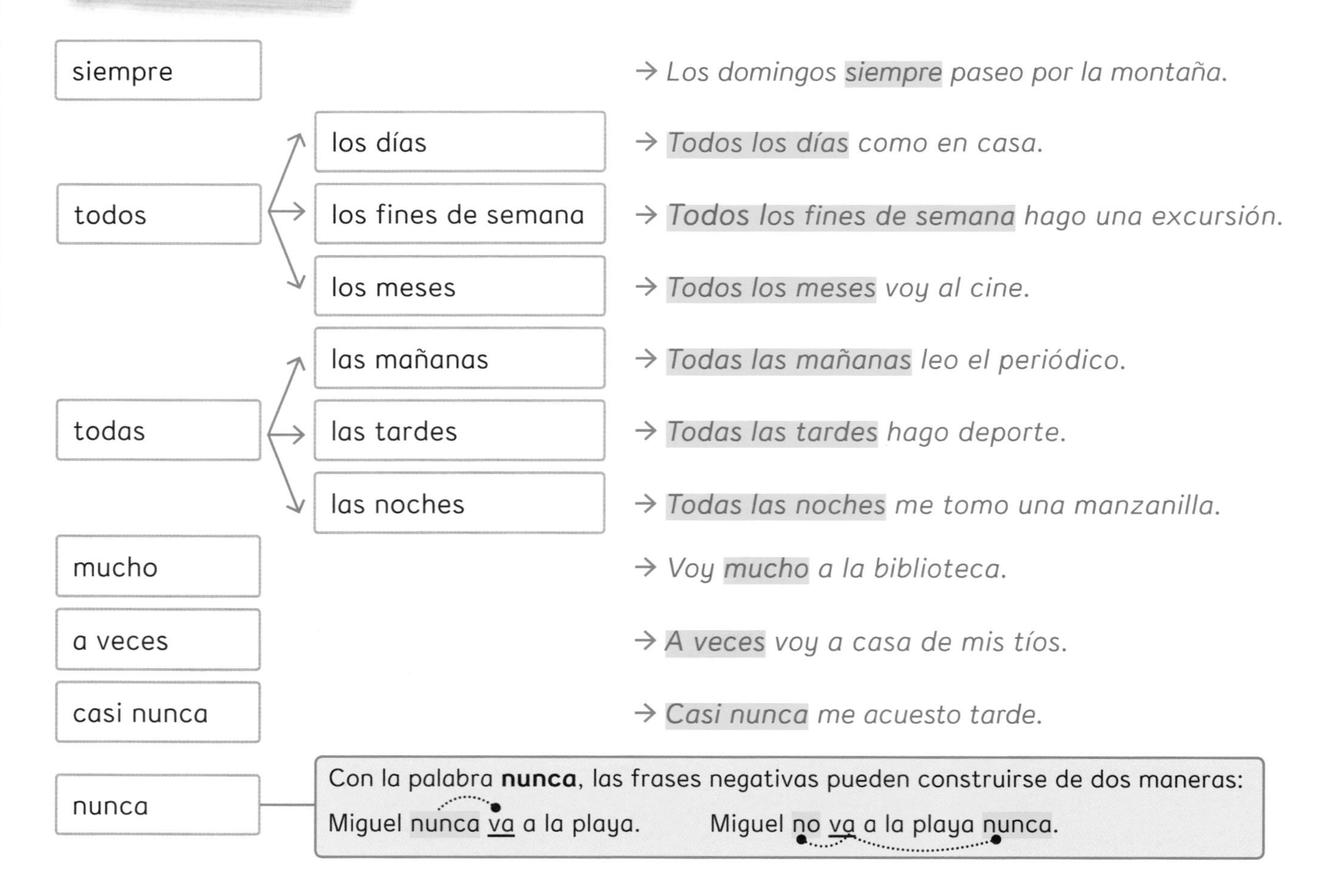

siempre		→ *Los domingos siempre paseo por la montaña.*
todos	los días	→ *Todos los días como en casa.*
	los fines de semana	→ *Todos los fines de semana hago una excursión.*
	los meses	→ *Todos los meses voy al cine.*
todas	las mañanas	→ *Todas las mañanas leo el periódico.*
	las tardes	→ *Todas las tardes hago deporte.*
	las noches	→ *Todas las noches me tomo una manzanilla.*
mucho		→ *Voy mucho a la biblioteca.*
a veces		→ *A veces voy a casa de mis tíos.*
casi nunca		→ *Casi nunca me acuesto tarde.*
nunca		

Con la palabra **nunca**, las frases negativas pueden construirse de dos maneras:

Miguel nunca va a la playa. Miguel no va a la playa nunca.

POSIBILIDAD Y PERMISO

Para expresar posibilidad o permiso, usamos:

poder	+ infinitivo

→ *En el bar del colegio puedes elegir entre varios menús para comer.*

→ ● *¿Podemos buscar información en internet?* (permiso)

❍ *Sí, podéis consultar fuentes oficiales.* (permiso)

OBLIGACIÓN

Para expresar la obligación o la necesidad de hacer algo, normalmente usamos:

hay que	+ infinitivo

→ *Hay que consultar el significado de las palabras desconocidas en el diccionario.*

→ *¿Qué hay que llevar a la excursión?*

tener que	+ infinitivo

→ *Tienes que estudiar un poco todos los días.*

→ *Para mejorar la lectura, tengo que leer mucho.*

PROHIBICIÓN

Para expresar prohibición, usamos:

no poder	+ infinitivo

→ *En la sala de espera del hospital no se puede hacer ruido.*

→ *Por la noche no se puede poner la música muy alta.*

Resumen gramatical

EL PRESENTE DE INDICATIVO

En español, existen tres grupos de verbos: los verbos que terminan en -**ar**, en -**er** y en -**ir**.

VERBOS REGULARES

Para conjugar un verbo regular en presente, tomamos la raíz del verbo y le añadimos las siguientes terminaciones:

	(HABLAR) habl-		(COMER) com-		(ESCRIBIR) escrib-	
(yo)		o		o		o
(tú)		as		es		es
(él / ella)		a		e		e
(nosotros/as)		amos		emos		imos
(vosotros/as)		áis		éis		ís
(ellos / ellas)		an		en		en

VERBOS IRREGULARES

Algunos verbos mantienen las mismas terminaciones que los verbos regulares, pero presentan un cambio vocálico en la raíz.

	e → ie MERENDAR	o → ue DORMIR	e → i VESTIRSE
(yo)	meriendo	duermo	**me** visto
(tú)	meriendas	duermes	**te** vistes
(él / ella)	merienda	duerme	**se** viste
(nosotros/as)	merendamos	dormimos	**nos** vestimos
(vosotros/as)	merendáis	dormís	**os** vestís
(ellos / ellas)	meriendan	duermen	**se** visten
Tienen los mismos cambios:	despertarse empezar preferir	volver acostarse jugar	pedir

Y otros, como el verbo **ir**, son completamente irregulares.

(yo)	voy
(tú)	vas
(él / ella)	va

(nosotros/as)	vamos
(vosotros/as)	vais
(ellos / ellas)	van

LOS VERBOS REFLEXIVOS

Los verbos reflexivos se conjugan igual que los verbos regulares e irregulares.
La diferencia es que se añade un pronombre delante del verbo.

	LEVANTARSE	LAVARSE	DUCHARSE
(yo)	**me** levanto	**me** lavo	**me** ducho
(tú)	**te** levantas	**te** lavas	**te** duchas
(él / ella)	**se** levanta	**se** lava	**se** ducha
(nosotros/as)	**nos** levantamos	**nos** lavamos	**nos** duchamos
(vosotros/as)	**os** levantáis	**os** laváis	**os** ducháis
(ellos / ellas)	**se** levantan	**se** lavan	**se** duchan

En los verbos reflexivos la terminación del verbo y el pronombre se refieren a la misma persona.

EL VERBO GUSTAR

Los verbos que expresan gustos, como **gustar** y **encantar**, se forman con un pronombre personal átono obligatorio.

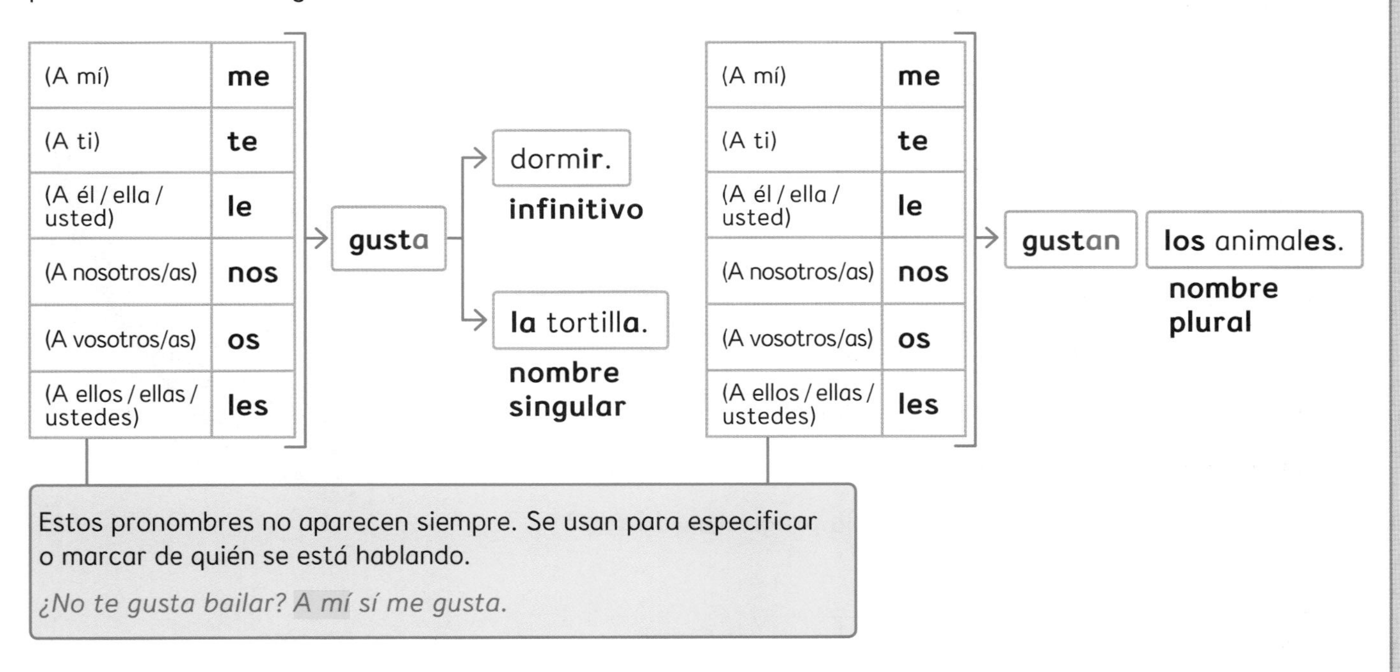

→ *Me gusta mucho la música, pero no me gustan los conciertos.*

→ *Me gusta mucho la música, pero no me gusta ir a los conciertos.*

Resumen gramatical

HAY

El verbo **haber** en presente es invariable: **hay**.
Lo utilizamos para expresar la existencia de algo.

En mi bolsa **hay**

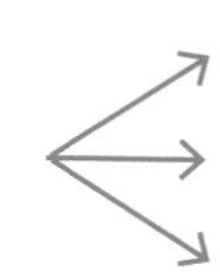

una camiseta.
dos camisetas.
ø camisetas.

Después de **hay**, no se puede poner un artículo determinado.

→ *En mi bolsa, ~~hay la bufanda~~.*

→ *En mi habitación hay un sillón.*

LOS VERBOS SER Y ESTAR

- **Para hablar de una cualidad esencial (como el carácter)**

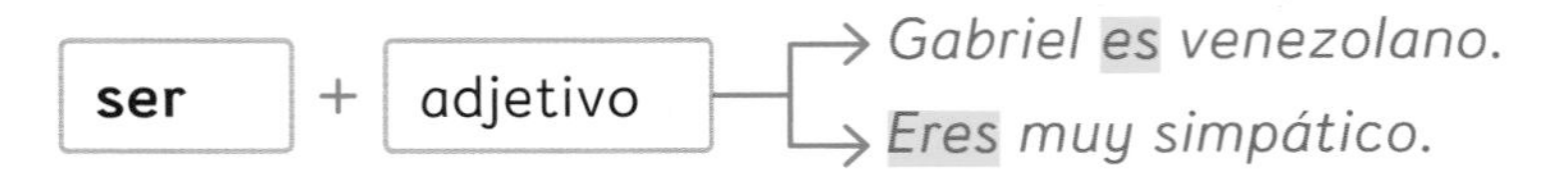

ser + adjetivo
→ *Gabriel es venezolano.*
→ *Eres muy simpático.*

Ser también se utiliza para las características.
Madrid es muy grande.

- **Para hablar de un estado (como el estado de ánimo)**

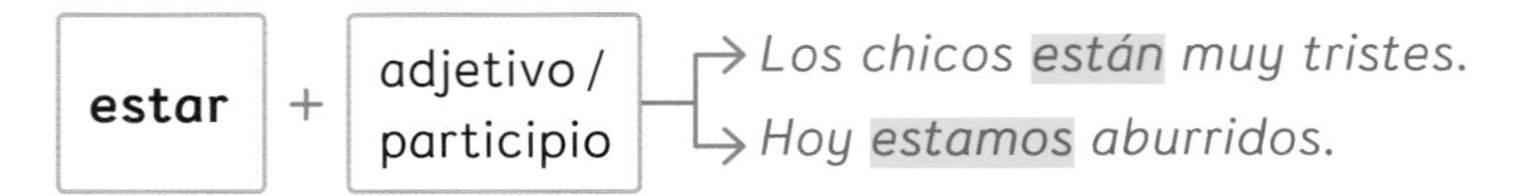

estar + adjetivo / participio
→ *Los chicos están muy tristes.*
→ *Hoy estamos aburridos.*

Estar también se utiliza para situar en el espacio.
Mi bicicleta está en el garaje.

LOS VERBOS ESTAR Y HAY

Estar se usa con:

nombres con artículo determinado	→ *El gimnasio está en la plaza Central.*
nombres con posesivo	→ *Mi colegio está cerca de mi casa.*
nombres propios	→ *Valencia está lejos de Berlín.*

Las frases con **estar** responden a la pregunta **¿dónde?**

Hay se usa con:

nombres con artículos indeterminados	→ *Cerca de la biblioteca hay un cine.*
nombres con numerales	→ *En mi calle hay dos librerías.*
nombres con cuantificadores	→ *En mi calle hay muchas fruterías.*
nombres comunes sin artículo	→ *En mi barrio no hay panadería.*

Las frases con **hay** responden a la pregunta **¿qué?**

EL CONTRASTE ENTRE IR / VENIR Y LLEVAR / TRAER

- **Contraste entre ir y venir**

ir	→	Moverse hacia cualquier lugar.
venir	→	Moverse hacia el lugar donde está el hablante.

- **Contraste entre llevar y traer**

llevar	→	Transportar algo hacia cualquier lugar.
traer	→	Transportar algo hacia el lugar donde está el hablante.

PEDIR / PREGUNTAR

pedir → Para conseguir algo (una cosa, un consejo, un favor, un permiso...).

Pídele un bolígrafo al profesor.
Quiero pedirte una oportunidad.

preguntar → Para obtener una información.

¿Puedes preguntarle a Héctor cuándo va a ir al cine?
Pregúntale a tu hermano qué película va a ver.

SIGNIFICADOS Y USOS DEL VERBO PASAR

pasar	+	algo	→ *¿Qué pasó ayer con el ascensor? No funcionaba.*
pasarle	+	algo a alguien	→ *El viernes María no vino a clase. ¿Sabes qué le pasó?*
pasar	+	vergüenza, miedo...	→ *Había mucha gente en la sala. Pasé mucha vergüenza.*
pasarlo	+	bien, mal, genial...	→ *La excursión fue muy aburrida. ¡No lo pasamos bien!*

EL IMPERATIVO AFIRMATIVO

Formación (tú)

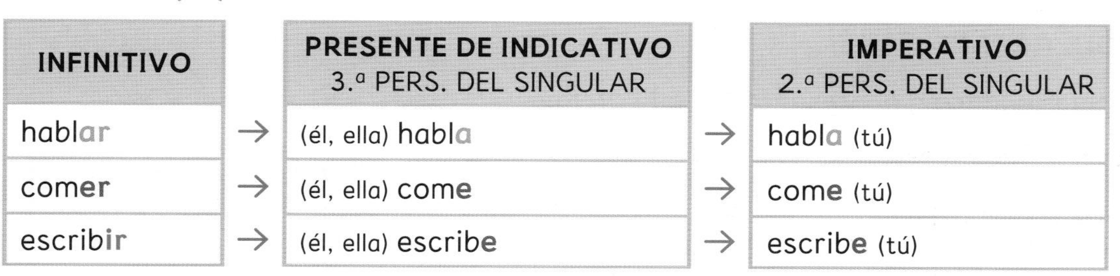

INFINITIVO		PRESENTE DE INDICATIVO 3.ª PERS. DEL SINGULAR		IMPERATIVO 2.ª PERS. DEL SINGULAR
hablar	→	(él, ella) habla	→	habla (tú)
comer	→	(él, ella) come	→	come (tú)
escribir	→	(él, ella) escribe	→	escribe (tú)

Óscar no puede escribir, le duele la mano. Escribe tú, por favor.

Resumen gramatical

Verbos con irregularidades en el presente de indicativo:

INFINITIVO		IMPERATIVO
pedir	→	pide
pensar	→	piensa
dormir	→	duerme

Verbos totalmente irregulares:

hacer	→	haz	decir	→	di
poner	→	pon	ir	→	ve
tener	→	ten	salir	→	sal
ser	→	sé	venir	→	ven

Los verbos irregulares en presente son también irregulares en 2.ª persona del singular del imperativo.
¡Haz los deberes!

Formación (vosotros)

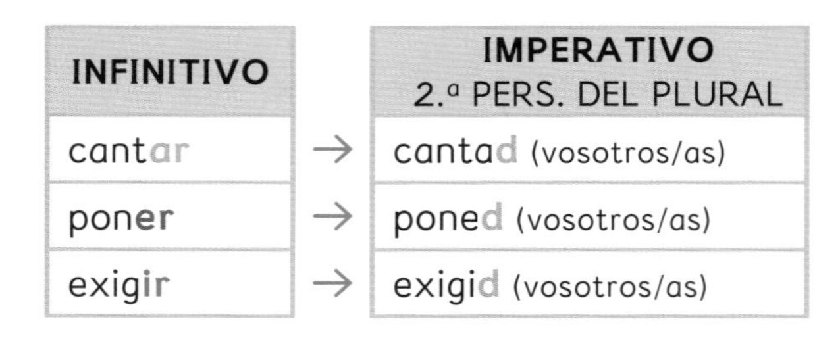

INFINITIVO		IMPERATIVO 2.ª PERS. DEL PLURAL
cantar	→	cantad (vosotros/as)
poner	→	poned (vosotros/as)
exigir	→	exigid (vosotros/as)

No existe ninguna forma irregular del imperativo en 2.ª persona del plural.

EL IMPERATIVO CON PRONOMBRES

Los pronombres se sitúan después del verbo y se unen a él, formando una sola palabra:
Las llaves déjalas en la mesa. / Avísanos, por favor.

En la 2.ª persona del plural, la **-d** del imperativo desaparece delante de **os**:

lavar → lava~~d~~ + os = lavaos

Niños: lavaos las manos, que vamos a comer.

EL IMPERATIVO NEGATIVO

VERBOS REGULARES

	HABLAR	COMER	VIVIR
(tú)	no mires	no comas	no vivas
(vosotros/as)	no miréis	no comáis	no viváis

¡No mires por la ventana!

VERBOS IRREGULARES

Verbos con irregularidades en el presente de indicativo:

	PEDIR	PENSAR	DORMIR
(tú)	no pidas	no pienses	no duermas
(vosotros/as)	no pidáis	no penséis	no durmáis

TENER	HACER	DECIR
no tengas	no hagas	no digas
no tengáis	no hagáis	no digáis

Verbos totalmente irregulares:

	SER	IR
(tú)	no **seas**	no **vayas**
(vosotros/as)	no **seáis**	no **vayáis**

En las frases negativas, los pronombres se sitúan antes del verbo.
No te enfades, no tiene importancia.

LOS TIEMPOS DEL PASADO: PRETÉRITO PERFECTO, PRETÉRITO INDEFINIDO Y PRETÉRITO IMPERFECTO

FORMACIÓN DEL PRETÉRITO PERFECTO

El pretérito perfecto es un tiempo compuesto. Se construye con un auxiliar (*haber*):

Presente del verbo *haber* + participio pasado

HABER

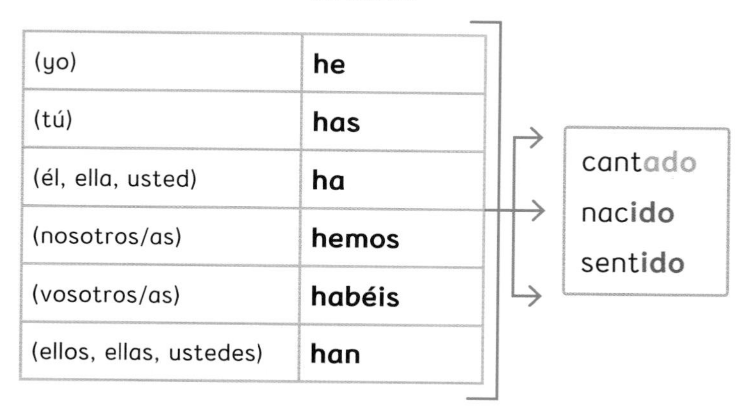

	HABER
(yo)	**he**
(tú)	**has**
(él, ella, usted)	**ha**
(nosotros/as)	**hemos**
(vosotros/as)	**habéis**
(ellos, ellas, ustedes)	**han**

Formación del participo

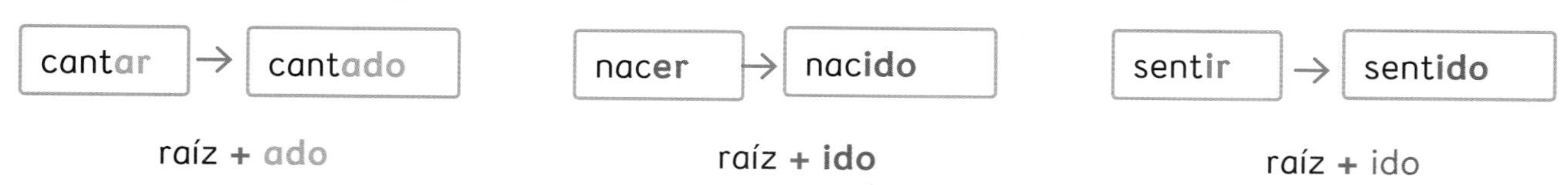

El pretérito perfecto de los verbos reflexivos

	LEVANTARSE
(yo)	**me** he levantado
(tú)	**te** has levantado
(él, ella, usted)	**se** ha levantado
(nosotros/as)	**nos** hemos levantado
(vosotros/as)	**os** habéis levantado
(ellos, ellas, ustedes)	**se** han levantado

Resumen gramatical

Uso del pretérito perfecto

Se utiliza para hablar de acciones pasadas que tienen relación con el presente:

Siempre he vivido en Sevilla.

Cuando no queremos situar esa acción pasada en un momento determinado:

He visitado Andalucía varias veces.

Cuando situamos esa acción pasada en un periodo de tiempo que incluye el momento actual o está muy cerca de este:

Esta mañana he ido a la estación de tren.

El pretérito perfecto es típico del español de España. En muchos otros países es menos frecuente y se prefiere usar el pretérito indefinido.

Se emplea con indicadores temporales como: **hoy, esta mañana, hasta ahora, últimamente, nunca, siempre, alguna vez**.

FORMACIÓN DEL PRETÉRITO INDEFINIDO

VERBOS REGULARES

VIAJAR	COMER	VIVIR
viajé	comí	viví
viajaste	comiste	viviste
viajó	comió	vivió
viajamos	comimos	vivimos
viajasteis	comisteis	vivisteis
viajaron	comieron	vivieron

La **sílaba tónica** de los verbos regulares se encuentra en la terminación.

VERBOS IRREGULARES

SENTIR (E → I)	DORMIR (O → U)	CAER (I → Y)	DAR	SER / IR
sentí	dormí	caí	di	fui
sentiste	dormiste	caíste	diste	fuiste
sintió	durmió	cayó	dio	fue
sentimos	dormimos	caímos	dimos	fuimos
sentisteis	dormisteis	caísteis	disteis	fuisteis
sintieron	durmieron	cayeron	dieron	fueron

El verbo *dar* se forma como los verbos acabados en *-er*, *-ir*, pero sin tilde.

Verbos con raíz irregular + las terminaciones: -**e**, -**iste**, -**o**, -**imos**, -**isteis**, -**ieron**.

ESTAR	TENER	PODER	PONER
estuve	**tuv**e	**pud**e	**pus**e
estuviste	**tuv**iste	**pud**iste	**pus**iste
estuvo	**tuv**o	**pud**o	**pus**o
estuvimos	**tuv**imos	**pud**imos	**pus**imos
estuvisteis	**tuv**isteis	**pud**isteis	**pus**isteis
estuvieron	**tuv**ieron	**pud**ieron	**pus**ieron

HACER	QUERER	VENIR	DECIR
hice	**quis**e	**vin**e	**dij**e
hiciste	**quis**iste	**vin**iste	**dij**iste
hizo	**quis**o	**vin**o	**dij**o
hicimos	**quis**imos	**vin**imos	**dij**imos
hicisteis	**quis**isteis	**vin**isteis	**dij**isteis
hicieron	**quis**ieron	**vin**ieron	**dij**eron

La 3.ª persona del plural del verbo decir es *dijeron*, no *dijieron*.

La sílaba tónica de estos verbos irregulares se encuentra en la raíz.

Uso del pretérito indefinido

Se emplea para hablar de acciones terminadas realizadas en el pasado, de acciones puntuales o cuando se indica el número de veces que se ha hecho una acción:

El mes pasado estuve en Perú. *El lunes pasado fui tres veces al supermercado.*

FORMACIÓN DEL PRETÉRITO IMPERFECTO

VERBOS REGULARES

VIAJAR	COMER	VIVIR
viajaba	comía	vivía
viajabas	comías	vivías
viajaba	comía	vivía
viajábamos	comíamos	vivíamos
viajabais	comíais	vivíais
viajaban	comían	vivían

Resumen gramatical

VERBOS IRREGULARES

SER	IR	VER
era	iba	veía
eras	ibas	veías
era	iba	veía
éramos	íbamos	veíamos
erais	ibais	veíais
eran	iban	veían

Uso del pretérito imperfecto

Se usa para hablar de acciones habituales en el pasado, rutinas, y para describir personas, lugares o situaciones en el pasado:

Antes utilizaba siempre el tren.

Cuando era pequeño, tocaba la flauta.

EL FUTURO

Formación

VERBOS REGULARES

VIAJAR	COMER	IR
viajaré	comeré	iré
viajarás	comerás	irás
viajará	comerá	irá
viajaremos	comeremos	iremos
viajaréis	comeréis	iréis
viajarán	comerán	irán

VERBOS IRREGULARES

Algunos verbos tienen una raíz irregular en el futuro imperfecto,
pero las terminaciones son las mismas que las de los verbos regulares.

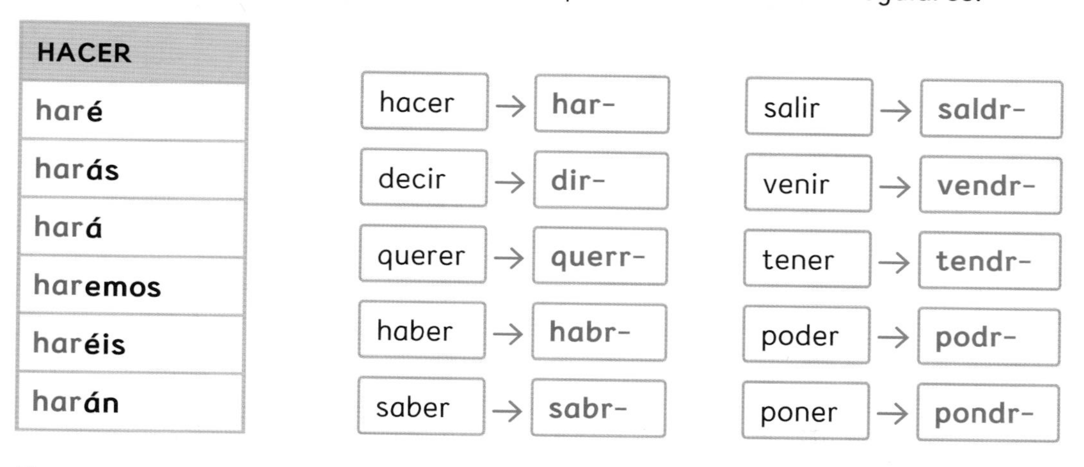

HACER
haré
harás
hará
haremos
haréis
harán

hacer →	har-	salir →	saldr-
decir →	dir-	venir →	vendr-
querer →	querr-	tener →	tendr-
haber →	habr-	poder →	podr-
saber →	sabr-	poner →	pondr-

Uso

Se emplea el futuro para predecir:

En el futuro viajaremos al espacio de vacaciones.

Marcadores temporales

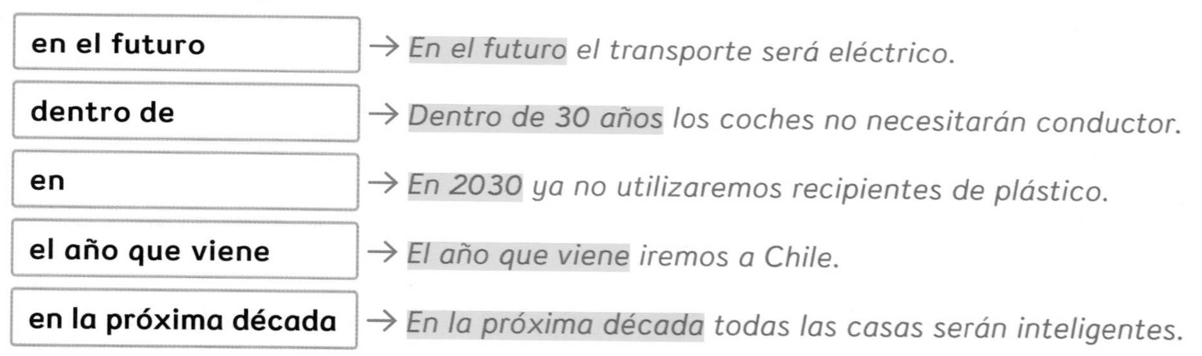

en el futuro	→ *En el futuro el transporte será eléctrico.*
dentro de	→ *Dentro de 30 años los coches no necesitarán conductor.*
en	→ *En 2030 ya no utilizaremos recipientes de plástico.*
el año que viene	→ *El año que viene iremos a Chile.*
en la próxima década	→ *En la próxima década todas las casas serán inteligentes.*

EL PRESENTE DE SUBJUNTIVO

VERBOS REGULARES

Formación

HABLAR	COMER	VIVIR
hable	coma	viva
hables	comas	vivas
hable	coma	viva
hablemos	comamos	vivamos
habléis	comáis	viváis
hablen	coman	vivan

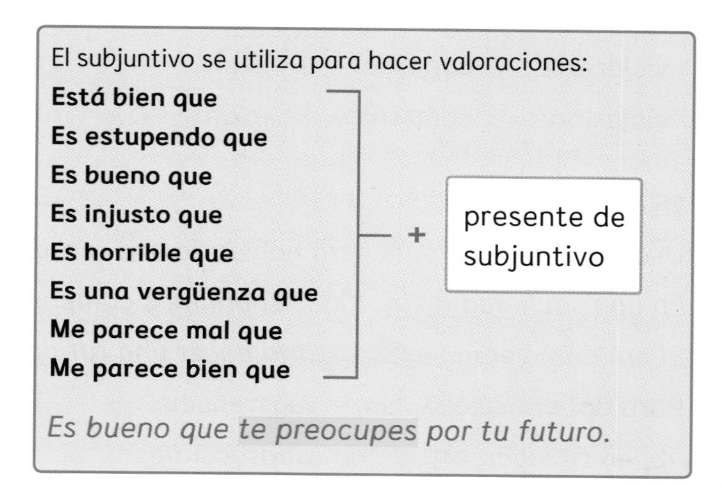

El subjuntivo se utiliza para hacer valoraciones:

Está bien que
Es estupendo que
Es bueno que
Es injusto que
Es horrible que
Es una vergüenza que
Me parece mal que
Me parece bien que

\+ presente de subjuntivo

Es bueno que te preocupes por tu futuro.

Resumen gramatical

VERBOS REGULARES

Verbos con irregularidades en el presente de indicativo.

PEDIR (E → I)	PENSAR (E → IE)	DORMIR (O → U)
pida	piense	duerma
pidas	pienses	duermas
pida	piense	duerma
pidamos	pensemos	durmamos
pidáis	penséis	durmáis
pidan	piensen	duerman

TENER	HACER	DECIR
tenga	haga	diga
tengas	hagas	digas
tenga	haga	diga
tengamos	hagamos	digamos
tengáis	hagáis	digáis
tengan	hagan	digan

Verbos con irregularidades propias.

SER	IR	HABER	ESTAR
sea	vaya	haya	esté
seas	vayas	hayas	estés
sea	vaya	haya	esté
seamos	vayamos	hayamos	estemos
seáis	vayáis	hayáis	estéis
sean	vayan	hayan	estén

EL CONDICIONAL

Formación

VIAJAR	COMER	IR
viajaría	comería	iría
viajarías	comerías	irías
viajaría	comería	iría
viajaríamos	comeríamos	iríamos
viajaríais	comeríais	iríais
viajarían	comerían	irían

HACER
haría
harías
haría
haríamos
haríais
harían

Como en el futuro, las formas irregulares en el condicional están en la raíz, no en la terminación.

Los verbos irregulares en el condicional son los mismos que en el futuro:

hacer → haría
tener → tendría
haber → habría
decir → diría

Uso

Usamos el condicional para hablar de una realidad hipotética referida al presente o al futuro.

En una sociedad justa, todos sabríamos compartir.

El próximo verano nos gustaría hacer una ruta por Hispanoamérica.

Para dar consejos y hacer sugerencias.

Yo, en tu lugar, estudiaría todos los días.

EL SI CONDICIONAL

Se utiliza **si** para introducir una condición.

si + presente , futuro

Si consigo el trabajo, lo celebraremos.

Si haces mucho deporte, estarás muy cansado.

> En la oración introducida por **si,** no puede utilizarse el futuro.
> *Si ~~iré~~ a España este verano, iré a verte.*
> *Si voy a España este verano, iré a verte.*

EL SE IMPERSONAL

se + 3.ª persona singular / plural

En este restaurante se come muy bien.

> El verbo concuerda con el CD.

En mi escuela se estudian 3 lenguas.

ESTAR + GERUNDIO

- *¿Qué haces, Laura? ¿Te apetece dar un paseo?*
- *No, lo siento, estoy leyendo.*

Formación del gerundio

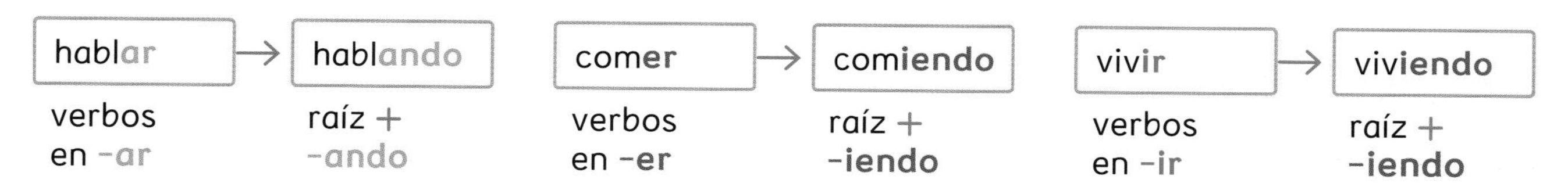

Algunos gerundios irregulares:

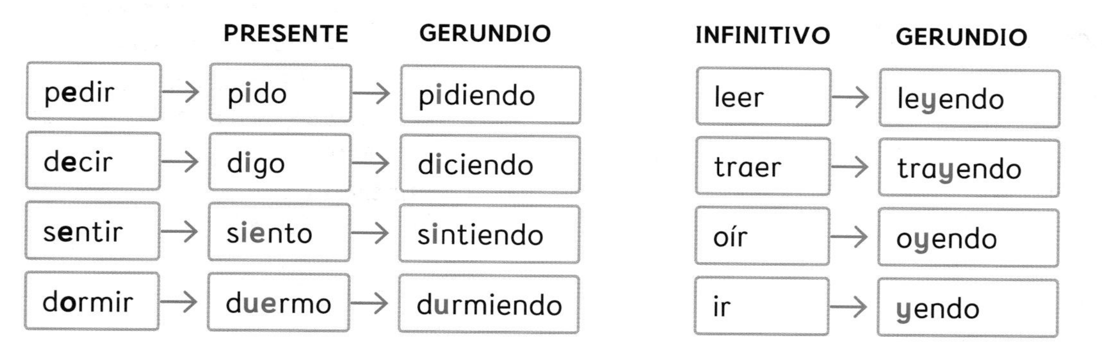

	PRESENTE	GERUNDIO
pedir	pido	pidiendo
decir	digo	diciendo
sentir	siento	sintiendo
dormir	duermo	durmiendo

INFINITIVO	GERUNDIO
leer	leyendo
traer	trayendo
oír	oyendo
ir	yendo

ESTAR EN IMPERFECTO + GERUNDIO

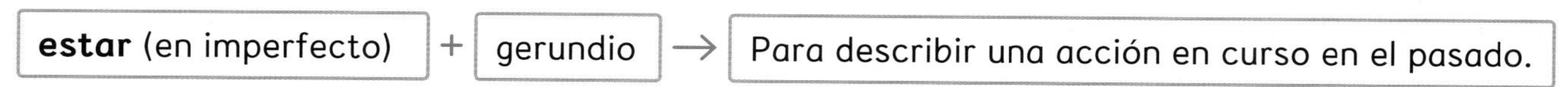

Hugo estaba esperando el autobús.

Cuando entré en la sala, todo el mundo estaba aplaudiendo.

Resumen gramatical

LLEVAR + GERUNDIO SEGUIR + GERUNDIO

Para hablar de una acción que empezó en el pasado y todavía continúa:

llevar + gerundio

Juan lleva viajando dos meses. = Juan está viajando desde hace dos meses.

seguir + gerundio

Olga sigue estudiando. = Olga todavía está estudiando.

VERBOS CON PREPOSICIÓN

Algunos verbos siempre van seguidos de una determinada preposición. Estos son algunos de ellos:

- **acordarse de** → *No me acuerdo de ella.*
- **influir en** → *Mi padre influyó en mí.*
- **pensar en** → *Ayer pensé en tu madre.*
- **participar en** → *¿Participas en el encuentro?*
- **confiar en** → *Confíe en Óscar.*
- **soñar con** → *Ayer soñé con mi ídolo.*

LAS FRASES RELATIVAS

Las frases relativas permiten evitar las repeticiones:

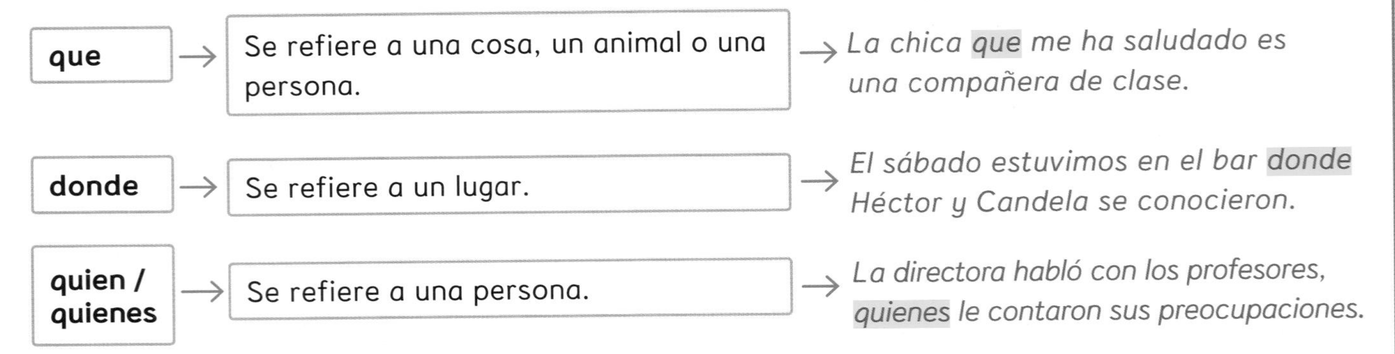

- **que** → Se refiere a una cosa, un animal o una persona. → *La chica que me ha saludado es una compañera de clase.*
- **donde** → Se refiere a un lugar. → *El sábado estuvimos en el bar donde Héctor y Candela se conocieron.*
- **quien / quienes** → Se refiere a una persona. → *La directora habló con los profesores, quienes le contaron sus preocupaciones.*

CON PREPOSICIÓN

Cuando es necesario, el relativo **que** va precedido de una preposición + **el / la / los / las / lo**:

La señora con la que viajé era mi compañera.

Este es el libro del que te hablé la semana pasada.

LA DURACIÓN

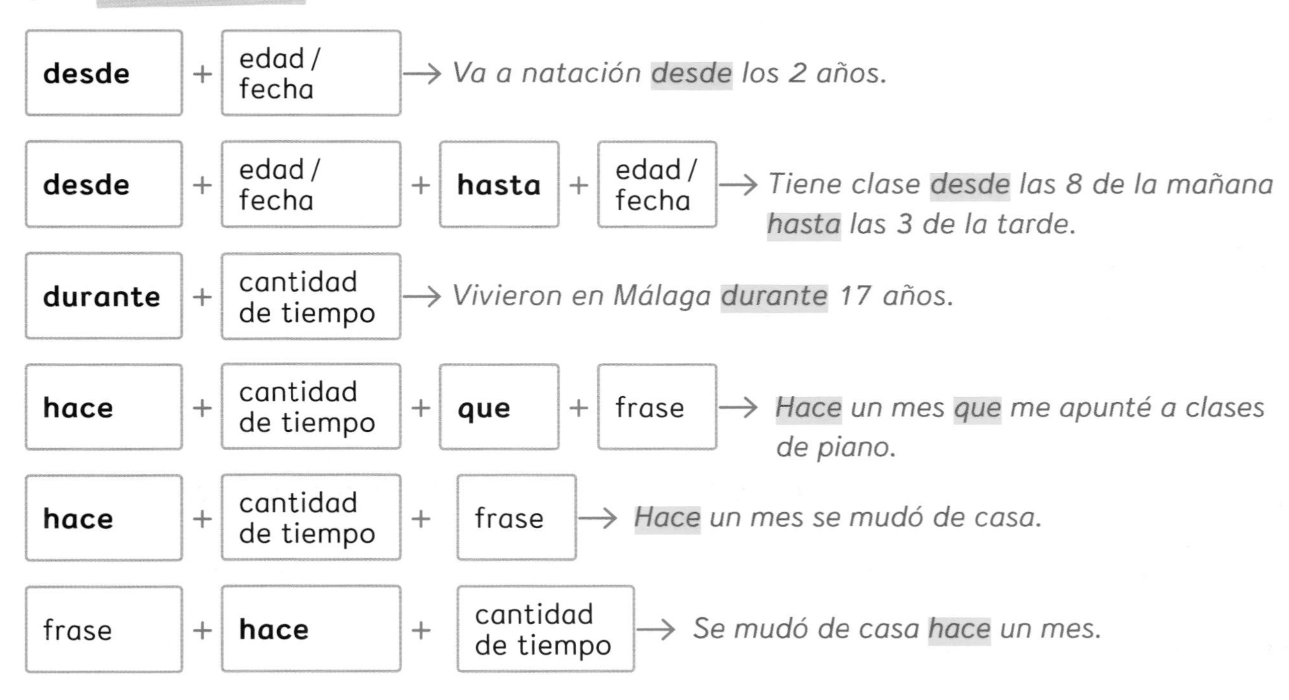

- **desde** + edad / fecha → *Va a natación desde los 2 años.*
- **desde** + edad / fecha + **hasta** + edad / fecha → *Tiene clase desde las 8 de la mañana hasta las 3 de la tarde.*
- **durante** + cantidad de tiempo → *Vivieron en Málaga durante 17 años.*
- **hace** + cantidad de tiempo + **que** + frase → *Hace un mes que me apunté a clases de piano.*
- **hace** + cantidad de tiempo + frase → *Hace un mes se mudó de casa.*
- frase + **hace** + cantidad de tiempo → *Se mudó de casa hace un mes.*

ORGANIZADORES DEL DISCURSO

- Para empezar

un día, **una vez**

- Para añadir información

entonces, **luego**

(poco) después, **de repente**

- Para expresar causa o consecuencia

como → *Como llegaba tarde, tomó un taxi.*

así que → *Llegaba tarde, así que tomó un taxi.*

- Para acabar

al final, **en resumen**

Un día estaba en mi habitación, leyendo tranquilamente, cuando de repente oí un ruido muy fuerte en la cocina. Me asusté mucho, pero al final fui a ver qué era. ¡Había cuatro platos rotos y no había nadie más en casa! Entonces vi un gato que salía por la ventana y lo entendí todo.

Resumen gramatical

LOS CONECTORES

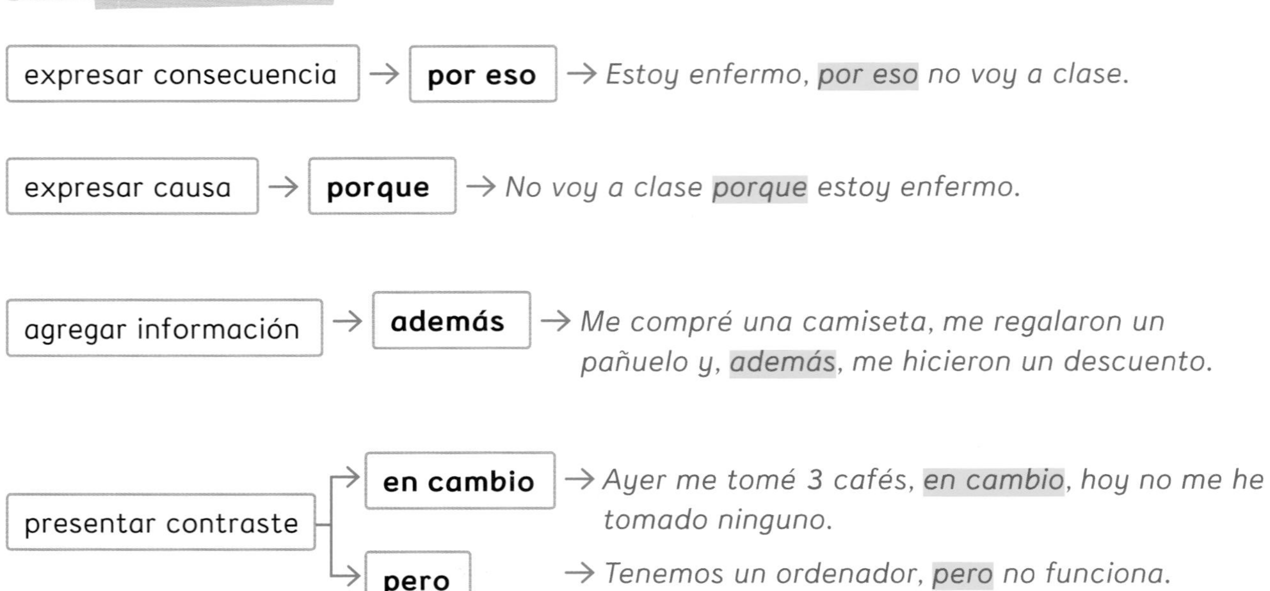

expresar consecuencia → **por eso** → *Estoy enfermo, por eso no voy a clase.*

expresar causa → **porque** → *No voy a clase porque estoy enfermo.*

agregar información → **además** → *Me compré una camiseta, me regalaron un pañuelo y, además, me hicieron un descuento.*

presentar contraste → **en cambio** → *Ayer me tomé 3 cafés, en cambio, hoy no me he tomado ninguno.*

presentar contraste → **pero** → *Tenemos un ordenador, pero no funciona.*

CONECTORES TEMPORALES

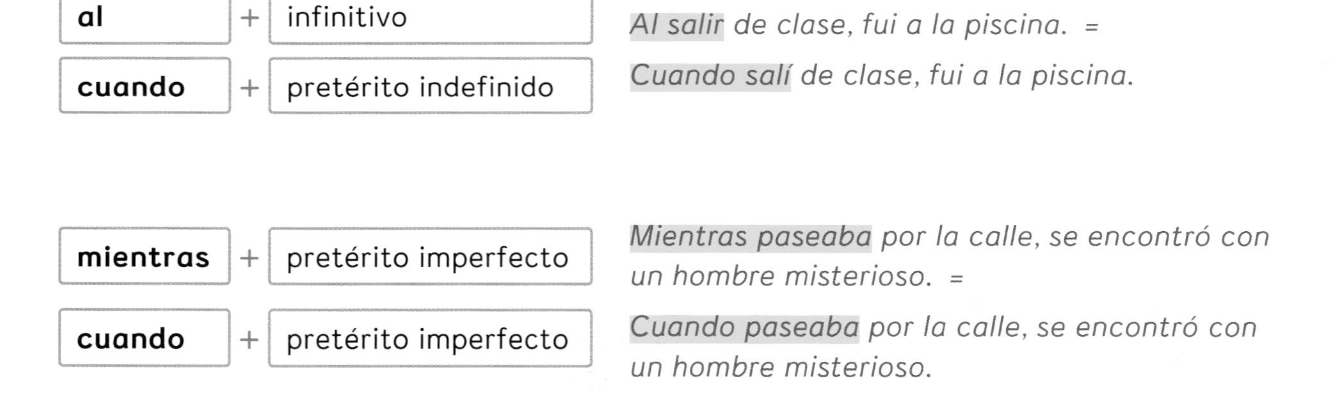

al + infinitivo — *Al salir de clase, fui a la piscina.* =

cuando + pretérito indefinido — *Cuando salí de clase, fui a la piscina.*

mientras + pretérito imperfecto — *Mientras paseaba por la calle, se encontró con un hombre misterioso.* =

cuando + pretérito imperfecto — *Cuando paseaba por la calle, se encontró con un hombre misterioso.*

CAUSA Y FINALIDAD

Para preguntar la **causa** se emplea **¿por qué?** y para indicar una **causa**, **porque**.

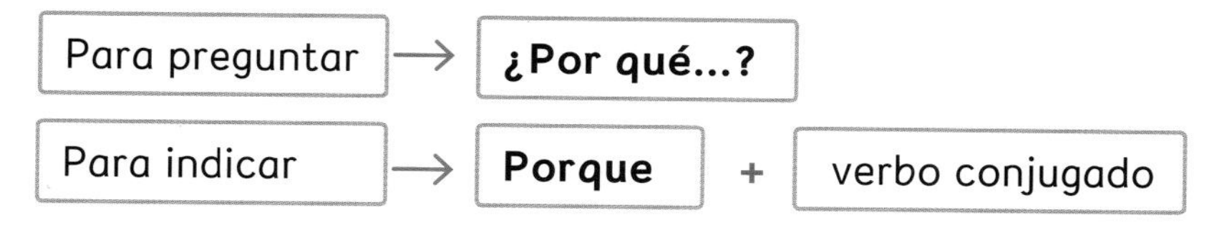

- *¿Por qué vienes tan tarde?*
- *Porque me he dormido.*

Por se utiliza para expresar:

- Causa:
  Se apuntó al gimnasio por su salud. (a causa de)
- Lugar de paso:
  ¿Este tren pasa por Madrid?
- Expresiones de tiempo:
  Por la mañana tengo clase.
- Intercambio:
  ¿Me cambias esta chaqueta por ese jersey?

Para preguntar la **finalidad** se emplea **¿para qué?** y para indicar una **finalidad**, **para**.

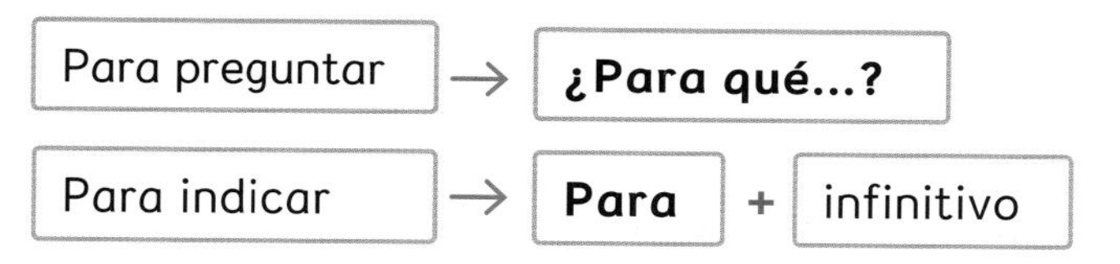

- *¿Para qué se va de su país?*
- *Para estudiar una carrera.*

Para se utiliza para expresar:

- Destinatario:
  Estos informes son para el secretario.
- Finalidad:
  con **infinitivo**:
  Te llamo para quedar.

  con **que** + **subjuntivo**:
  Luego te avisaré para que no llegues tarde.

TABLAS DE VERBOS

Infinitivo	Presente de indicativo		Pretérito imperfecto		Pretérito indefinido		Imperativo
Verbos regulares							
HABLAR	hablo hablas habla	hablamos habláis hablan	hablaba hablabas hablaba	hablábamos hablabais hablaban	hablé hablaste habló	hablamos hablasteis hablaron	habla (tú) hablad (vosotros/as)
APRENDER	aprendo aprendes aprende	aprendemos aprendéis aprenden	aprendía aprendías aprendía	aprendíamos aprendíais aprendían	aprendí aprendiste aprendió	aprendimos aprendisteis aprendieron	aprende (tú) aprended (vosotros/as)
VIVIR	vivo vives vive	vivimos vivís viven	vivía vivías vivía	vivíamos vivíais vivían	viví viviste vivió	vivimos vivisteis vivieron	vive (tú) vivid (vosotros/as)
Verbos con diptongo: E → IE; O → UE							
PENSAR	pienso piensas piensa	pensamos pensáis piensan	pensaba pensabas pensaba	pensábamos pensabais pensaban	pensé pensaste pensó	pensamos pensasteis pensaron	piensa (tú) pensad (vosotros/as)
ENTENDER	entiendo entiendes entiende	entendemos entendéis entienden	entendía entendías entendía	entendíamos entendíais entendían	entendí entendiste entendió	entendimos entendisteis entendieron	entiende (tú) entended (vosotros/as)
MOSTRAR	muestro muestras muestra	mostramos mostráis muestran	mostraba mostrabas mostraba	mostrábamos mostrabais mostraban	mostré mostraste mostró	mostramos mostrasteis mostraron	muestra (tú) mostrad (vosotros/as)
CONTAR	cuento cuentas cuenta	contamos contáis cuentan	contaba contabas contaba	contábamos contabais contaban	conté contaste contó	contamos contasteis contaron	cuenta (tú) contad (vosotros/as)
Verbos con alternancia vocálica: E → I							
PEDIR	pido pides pide	pedimos pedís piden	pedía pedías pedía	pedíamos pedíais pedían	pedí pediste pidió	pedimos pedisteis pidieron	pide (tú) pedid (vosotros/as)
Verbos con alternancia vocálica: E → IE / I							
SENTIR	siento sientes siente	sentimos sentís sienten	sentía sentías sentía	sentíamos sentíais sentían	sentí sentiste sintió	sentimos sentisteis sintieron	siente (tú) sentid (vosotros/as)
Verbos con alternancia vocálica: O → UE / U							
DORMIR	duermo duermes duerme	dormimos dormís duermen	dormía dormías dormía	dormíamos dormíais dormían	dormí dormiste durmió	dormimos dormisteis durmieron	duerme (tú) dormid (vosotros/as)
Verbos en -acer / -ecer / -ocer / -ucir: C → ZC							
APARECER	aparezco apareces aparece	aparecemos aparecéis aparecen	aparecía aparecías aparecía	aparecíamos aparecíais aparecían	aparecí apareciste apareció	aparecimos aparecisteis aparecieron	aparece (tú) apareced (vosotros/as)
Verbos en -ducir: C → ZC; C → J							
CONDUCIR	conduzco conduces conduce	conducimos conducís conducen	conducía conducías conducía	conducíamos conducíais conducían	conduje condujiste condujo	condujimos condujisteis condujeron	conduce (tú) conducid (vosotros/as)

Futuro		Condicional		Presente de subjuntivo		Participio	Gerundio
hablaré hablarás hablará	hablaremos hablaréis hablarán	hablaría hablarías hablaría	hablaríamos hablaríais hablarían	hable hables hable	hablemos habléis hablen	hablado	hablando
aprenderé aprenderás aprenderá	aprenderemos aprenderéis aprenderán	aprendería aprenderías aprendería	aprenderíamos aprenderíais aprenderían	aprenda aprendas aprenda	aprendamos aprendáis aprendan	aprendido	aprendiendo
viviré vivirás vivirá	viviremos viviréis vivirán	viviría vivirías viviría	viviríamos viviríais vivirían	viva vivas viva	vivamos viváis vivan	vivido	viviendo
pensaré pensarás pensará	pensaremos pensaréis pensarán	pensaría pensarías pensaría	pensaríamos pensaríais pensarían	piense pienses piense	pensemos penséis piensen	pensado	pensando
entenderé entenderás entenderá	entenderemos entenderéis entenderán	entendería entenderías entendería	entenderíamos entenderíais entenderían	entienda entiendas entienda	entendamos entendáis entiendan	entendido	entendiendo
mostraré mostrarás mostrará	mostraremos mostraréis mostrarán	mostraría mostrarías mostraría	mostraríamos mostraríais mostrarían	muestre muestres muestre	mostremos mostréis muestren	mostrado	mostrando
contaré contarás contará	contaremos contaréis contarán	contaría contarías contaría	contaríamos contaríais contarían	cuente cuentes cuente	contemos contéis cuenten	contado	contando
pediré pedirás pedirá	pediremos pediréis pedirán	pediría pedirías pediría	pediríamos pediríais pedirían	pida pidas pida	pidamos pidáis pidan	pedido	pidiendo
sentiré sentirás sentirá	sentiremos sentiréis sentirán	sentiría sentirías sentiría	sentiríamos sentiríais sentirían	sienta sientas sienta	sintamos sintáis sientan	sentido	sintiendo
dormiré dormirás dormirá	dormiremos dormiréis dormirán	dormiría dormirías dormiría	dormiríamos dormiríais dormirían	duerma duermas duerma	durmamos durmáis duerman	dormido	durmiendo
apareceré aparecerás aparecerá	apareceremos apareceréis aparecerán	aparecería aparecerías aparecería	apareceríamos apareceríais aparecerían	aparezca aparezcas aparezca	aparezcamos aparezcáis aparezcan	aparecido	apareciendo
conduciré conducirás conducirá	conduciremos conduciréis conducirán	conduciría conducirías conduciría	conduciríamos conduciríais conducirían	conduzca conduzcas conduzca	conduzcamos conduzcáis conduzcan	conducido	conduciendo

TABLAS DE VERBOS

Infinitivo	Presente de indicativo		Pretérito imperfecto		Pretérito indefinido		Imperativo
Algunos verbos irregulares							
CAER	caigo caes cae	caemos caéis caen	caía caías caía	caíamos caíais caían	caí caíste cayó	caímos caísteis cayeron	cae (tú) caed (vosotros/as)
DAR	doy das da	damos dais dan	daba dabas daba	dábamos dabais daban	di diste dio	dimos disteis dieron	da (tú) dad (vosotros/as)
DECIR	digo dices dice	decimos decís dicen	decía decías decía	decíamos decíais decían	dije dijiste dijo	dijimos dijisteis dijeron	di (tú) decid (vosotros/as)
ESTAR	estoy estás está	estamos estáis están	estaba estabas estaba	estábamos estabais estaban	estuve estuviste estuvo	estuvimos estuvisteis estuvieron	está (tú) estad (vosotros/as)
HABER	he has ha	hemos habéis han	había habías había	habíamos habíais habían	hube hubiste hubo	hubimos hubisteis hubieron	
HACER	hago haces hace	hacemos hacéis hacen	hacía hacías hacía	hacíamos hacíais hacían	hice hiciste hizo	hicimos hicisteis hicieron	haz (tú) haced (vosotros/as)
IR	voy vas va	vamos vais van	iba ibas iba	íbamos ibais iban	fui fuiste fue	fuimos fuisteis fueron	ve (tú) id (vosotros/as)
OÍR	oigo oyes oye	oímos oís oyen	oía oías oía	oíamos oíais oían	oí oíste oyó	oímos oísteis oyeron	oye (tú) oíd (vosotros/as)
PODER	puedo puedes puede	podemos podéis pueden	podía podías podía	podíamos podíais podían	pude pudiste pudo	pudimos pudisteis pudieron	puede (tú) poded (vosotros/as)
PONER	pongo pones pone	ponemos ponéis ponen	ponía ponías ponía	poníamos poníais ponían	puse pusiste puso	pusimos pusisteis pusieron	pon (tú) poned (vosotros)
QUERER	quiero quieres quiere	queremos queréis quieren	quería querías quería	queríamos queríais querían	quise quisiste quiso	quisimos quisisteis quisieron	quiere (tú) quered (vosotros/as)
SABER	sé sabes sabe	sabemos sabéis saben	sabía sabías sabía	sabíamos sabíais sabían	supe supiste supo	supimos supisteis supieron	sabe (tú) sabed (vosotros/as)
SALIR	salgo sales sale	salimos salís salen	salía salías salía	salíamos salíais salían	salí saliste salió	salimos salisteis salieron	sal (tú) salid (vosotros/as)
SER	soy eres es	somos sois son	era eras era	éramos erais eran	fui fuiste fue	fuimos fuisteis fueron	sé (tú) sed (vosotros/as)
TENER	tengo tienes tiene	tenemos tenéis tienen	tenía tenías tenía	teníamos teníais tenían	tuve tuviste tuvo	tuvimos tuvisteis tuvieron	ten (tú) tened (vosotros/as)
TRAER	traigo traes trae	traemos traéis traen	traía traías traía	traíamos traíais traían	traje trajiste trajo	trajimos trajisteis trajeron	trae (tú) traed (vosotros)
VENIR	vengo vienes viene	venimos venís vienen	venía venías venía	veníamos veníais venían	vine viniste vino	vinimos vinisteis vinieron	ven (tú) venid (vosotros/as)
VER	veo ves ve	vemos veis ven	veía veías veía	veíamos veíais veían	vi viste vio	vimos visteis vieron	ve (tú) ved (vosotros/as)

Futuro		Condicional		Presente de subjuntivo		Participio	Gerundio
caeré caerás caerá	caeremos caeréis caerán	caería caerías caería	caeríamos caeríais caerían	caiga caigas caiga	caigamos caigáis caigan	caído	cayendo
daré darás dará	daremos daréis darán	daría darías daría	daríamos daríais darían	dé des dé	demos deis den	dado	dando
diré dirás dirá	diremos diréis dirán	diría dirías diría	diríamos diríais dirían	diga digas diga	digamos digáis digan	dicho	diciendo
estaré estarás estará	estaremos estaréis estarán	estaría estarías estaría	estaríamos estaríais estarían	esté estés esté	estemos estéis estén	estado	estando
habré habrás habrá	habremos habréis habrán	habría habrías habría	habríamos habríais habrían	haya hayas haya	hayamos hayáis hayan	habido	habiendo
haré harás hará	haremos haréis harán	haría harías haría	haríamos haríais harían	haga hagas haga	hagamos hagáis hagan	hecho	haciendo
iré irás irá	iremos iréis irán	iría irías iría	iríamos iríais irían	vaya vayas vaya	vayamos vayáis vayan	ido	yendo
oiré oirás oirá	oiremos oiréis oirán	oiría oirías oiría	oiríamos oiríais oirían	oiga oigas oiga	oigamos oigáis oigan	oído	oyendo
podré podrás podrá	podremos podréis podrán	podría podrías podría	podríamos podríais podrían	pueda puedas pueda	podamos podáis puedan	podido	pudiendo
pondré pondrás pondrá	pondremos pondréis pondrán	pondría pondrías pondría	pondríamos pondríais pondrían	ponga pongas ponga	pongamos pongáis pongan	puesto	poniendo
querré querrás querrá	querremos querréis querrán	querría querrías querría	querríamos querríais querrían	quiera quieras quiera	queramos queráis quieran	querido	queriendo
sabré sabrás sabrá	sabremos sabréis sabrán	sabría sabrías sabría	sabríamos sabríais sabrían	sepa sepas sepa	sepamos sepáis sepan	sabido	sabiendo
saldré saldrás saldrá	saldremos saldréis saldrán	saldría saldrías saldría	saldríamos saldríais saldrían	salga salgas salga	salgamos salgáis salgan	salido	saliendo
seré serás será	seremos seréis serán	sería serías sería	seríamos seríais serían	sea seas sea	seamos seáis sean	sido	siendo
tendré tendrás tendrá	tendremos tendréis tendrán	tendría tendrías tendría	tendríamos tendríais tendrían	tenga tengas tenga	tengamos tengáis tengan	tenido	teniendo
traeré traerás traerá	traeremos traeréis traerán	traería traerías traería	traeríamos traeríais traerían	traiga traigas traiga	traigamos traigáis traigan	traído	trayendo
vendré vendrás vendrá	vendremos vendréis vendrán	vendría vendrías vendría	vendríamos vendríais vendrían	venga vengas venga	vengamos vengáis vengan	venido	viniendo
veré verás verá	veremos veréis verán	vería verías vería	veríamos veríais verían	vea veas vea	veamos veáis vean	visto	viendo

Glosario

UNIDAD 1 PURA VIDA			
ESPAÑOL	ENGLISH	FRANÇAIS	PORTUGUÊS
¡En marcha!			
celebrar	to celebrate	fêter	comemorar
(el) *cumple*	birthday	(l') anniv (familier), (l') anniversaire	(o) aniversário
(el) *finde*	weekend	(le) week-end	(o) final de semana
intentar	to try	essayer, tenter	tentar
¿qué te pasa?	what's wrong with you?	qu'est-ce que tu as ?, qu'est-ce qu'il t'arrive ?	o que você tem?
¿Se puede medir la felicidad?			
(el) arrecife	reef	(le) récif	(o) recife
(el) bosque	forest	(la) forêt	(a) selva
(los) derechos	rights	(les) droits	(os) direitos
(el) dinero	money	(l') argent	(o) dinheiro
disfrutar (de)	enjoy	profiter de	aproveitar
ecológico/a	ecological	écologique	ecológico/a
grato/a	pleasant	agréable	agradecido/a
(la) huella	footprint	(la) trace	(a) pegada
medir	to measure	mesurer, calculer	medir
(la) paz	peace	(la) paix	(a) paz
(el) planeta	planet	(la) planète	(o) planeta
preocuparse	to worry	s'inquiéter	preocupar-se
propio/a	own	propre, personnel	próprio/a
(la) satisfacción	satisfaction	(la) satisfaction	(a) satisfação
¡Queremos estar bien!			
(el) abrazo	hug	serrer dans ses bras, (le) câlin, (l') étreinte	(o) abraço
acompañar	to accompany	accompagner	acompanhar
animarse	to cheer up	se motiver	animar-se
(la) ansiedad	anxiety	(l') anxiété	(a) ansiedade
(la) campaña	campaign	(la) campagne	(a) campanha
compartir	to share	partager	compartilhar
cuidar (de)	to take care	prendre soin (de)	cuidar (de)
dar un abrazo	to hug	serrer dans les bras	dar um abraço
quererse	to love yourself	s'aimer	gostar-se
respirar	to breathe	respirer	respirar
(la) salud	health	(la) santé	(a) saúde
sonreír	to smile	sourire	sorrir
Doctora, tengo fiebre			
abrigarse	to bundle up	se couvrir	agasalhar-se
(la) barriga	stomach	(le) ventre	(a) barriga
(la) consulta	consultation	(la) consultation (médicale)	(a) consulta
doler	to hurt	faire mal, avoir mal	doer
estar enfermo/a	to be ill	être malade	estar doente

estar mareado/a	to be dizzy	avoir mal au cœur, être nauséeux/euse	estar tonto/a
estar resfriado/a	to have a cold	être enrhumé/e	estar resfriado/a
(la) fiebre	fever	(la) fièvre	(a) febre
(la) garganta	throat	(la) gorge	(a) garganta
(la) gripe	flu	(la) grippe	(a) gripe
(el) jarabe	syrup	(le) sirop	(o) xarope
ligero/a	light	léger/ère	leve
(el) medicamento	medicine	(le) médicament	(o) remédio
(las) muelas	molars	(les) molaires	(os) dentes
(la) paciencia	patience	(la) patience	(a) paciência
(el / la) paciente	patient	(le/la) patient/e	(o / a) paciente
(la) pastilla	pill	(la) pastille	(o) comprimido
(la) pierna	leg	(la) jambe	(a) perna
¡que te mejores!	get well soon!	bon rétablissement !	melhoras!
quedarse en casa	to stay home	rester chez soi	ficar em casa
resfriarse	to catch a cold	prendre froid, s'enrhumer	resfriar-se
romperse una pierna	to break a leg	se casser une jambe	quebrar uma perna
sentirse bien / mal	to feel good / bad	se sentir bien/mal	sentir-se bem/mal
tener paciencia	to have patience	avoir de la patience	ter paciência
tener tos	to have a cough	tousser, avoir de la toux	estar com tosse
Cosas que me hacen feliz			
dar miedo	to frighten	faire peur	ter medo
hacer feliz	to make happy	rendre heureux	fazer feliz
(el) helado	ice-cream	(la) glace	(o) sorvete
(los) lunares	polka dot	(les) grains de beauté	(as) bolinhas
molestar	to bother	déranger, fâcher	incomodar
perder el miedo	to lose your fear	ne plus avoir peur	perder o medo
poner nervioso/a	to get nervous	énerver	deixar nervoso/a
poner triste	to get sad	rendre triste	deixar triste
relajarse	to relax	se détendre	relaxar
Un menú saludable			
(el) aguacate	avocado	(l') avocat	(o) abacate
(el) arroz	rice	(le) riz	(o) arroz
(la) botella	bottle	(la) bouteille	(a) garrafa
(el) calabacín	courgette	(la) courgette	(a) abobrinha
(el / la) camarero/a	waiter / waitress	(le/la) serveur/euse	(o/a) garçom/garçonete
(la) carne	meat	(la) viande	(a) carne
(la) cuenta	bill	(l') addition	(a) conta
de temporada	in-season	de saison	da época
(la) ensalada	salad	(la) salade	(a) salada
equilibrado/a	balanced	équilibré/e	equilibrado/a
(el) espárrago	asparagus	(l') asperge	(o) aspargo
(la) fruta	fruit	(les) fruits	(a) fruta
(el) huevo	egg	(l') œuf	(o) ovo

Glosario

llevar	to have / to contain	porter	levar
(la) manzana	apple	(la) pomme	(a) maçã
(el) marisco	shellfish	(les) fruits de mer	(o) marisco
(la) mayonesa	mayonnaise	(la) mayonnaise	(a) maionese
(el) menú	set menu	(le) menu, (la) carte	(o) cardápio
(la) naranja	orange	(l') orange	(a) laranja
pedir	to order	commander	pedir
(el) pescado	fish	(le) poisson	(o) peixe
(el) plátano	banana	(la) banane	(a) banana
(el) postre	dessert	(le) dessert	(a) sobremesa
preguntar	to ask	demander, questionner	perguntar
(el) primer / segundo plato	starter / main (course)	(l') entrée / (le) plat principal	(a) entrada / (o) prato principal
(el) refresco	beverage	(la) boisson	(o) refrigerante
saludable	healthy	sain(e), bon pour la santé	saudável
(la) tarta	cake	(la) tarte	(a) torta
tomar	to have	prendre	comer
(la) verdura	vegetable	(les) légumes	(o) legume
Mente sana, cuerpo sano			
hacer ejercicio	to do exercise	faire du sport, faire de l'exercice	fazer exercício
olvidar	to forget	oublier	esquecer
quererse a uno/a mismo/a	to love someone / yourself	s'aimer	gostar de si mesmo/a
sano/a	healthy	sain/e	são/sã
ser amable	to be friendly	être aimable	ser amável
tener en cuenta	to keep in mind	prendre en compte, considérer	levar em consideração
Mi gramática			
bicho raro	weirdo	drôle de personnage	o esquisito
(las) chuches	sweets	(les) sucreries, (les) friandises	(os) doces
descansar	to relax	se reposer	descansar
discutir	to argue	discuter, se disputer	discutir
(el) favor	favour	(le) service	(o) favor
girar	to turn	tourner	girar
(la) mentira	lie	(le) mensonge	(a) mentira
plano/a	flat	plat/e	plano/a
poner la mesa	to lay the table	mettre la table	pôr a mesa
ponerse bien	to get well	se rétablir, récupérer	ficar bem
sacar la basura	to take the rubbish out	jeter la poubelle, sortir la poubelle, descendre la poubelle	jogar o lixo fora
ser negativo/a	to be negative	être négatif/ve	ser negativo/a
Mis palabras			
(el) bienestar	well-being	(le) bien-être	(o) bem-estar
(la) igualdad	equality	(l') égalité	(a) igualdade

(la) pera	pear	(la) poire	(a) pera
(el) termómetro	thermometer	(le) thermomètre	(o) termômetro
La Ventana			
(la) cría	young	(le) petit (animal)	(a) cria
dar a luz	to give birth	accoucher	dar à luz
(el) delfín	dolphin	(le) dauphin	(o) golfinho
(la) diversidad	diversity	(la) diversité	(a) diversidade
(el) ejemplar	example	(l') exemplaire	(o) exemplar
(la) especie	species	(l') espèce	(a) espécie
llamativo/a	striking	frappant/e	chamativo/a
(el) nido	nest	(le) nid	(o) ninho
(el) puma	puma	(le) puma	(o) puma
(la) rana	frog	(la) grenouille	(a) rã
(la) reserva	reserve	(la) réserve	(a) reserva
(el) respeto	respect	(le) respect	(o) respeito
(el) sapo	toad	(le) crapaud	(o) sapo
(la) selva	jungle	(la) jungle	(a) selva
(la) tortuga	turtle	(la) tortue	(a) tartaruga
venenoso/a	poisonous	venimeux/euse	venenoso/a
Somos ciudadanos			
(el / la) azúcar	sugar	(le) sucre	(o) açúcar
(la) constitución	constitution	(la) constitution	(a) constituição
consumir	to consume	consommer	consumir
controlar	to control	contrôler	controlar
(el) decálogo	do's and don'ts's	(le) règlement	(o) decálogo
(la) higiene	hygiene	(l') hygiène	(a) higiene
(la) legumbre	legume	(les) légumineuses, (les) légumes secs	(a) leguminosa
Mis talleres de lengua			
aprender de memoria	to learn by heart	apprendre par cœur	memorizar
(el) diagnóstico	diagnosis	(le) diagnostic	(o) diagnóstico
ensayar	to rehearse	répéter, travailler	ensaiar
ilustrar	to illustrate	illustrer	ilustrar
simular	to simulate	simuler	simular
(el) síntoma	symptom	(le) symptôme	(o) sintoma

UNIDAD 2 FICCIONES			
ESPAÑOL	ENGLISH	FRANÇAIS	PORTUGUÊS
¡En marcha!			
contar	to tell	raconter	contar
(la) leyenda	legend	(la) légende	(a) lenda
tener gracia	to be funny	être amusant/e	ser engraçado
tratar de	to be about	aborder, traiter	ser sobre (algo/um assunto)

¿Qué historias van contigo?			
(la) biografía	biography	(la) biographie	(a) biografia
(la) ciencia ficción	science fiction	(la) science-fiction	(a) ficção-científica
(el / la) detective	detective	(le/la) détective	(o / a) detetive
(las) emociones	emotions	(les) émotions	(as) emoções
enganchar	to hook	accrocher, captiver	viciar
entretenido/a	entertaining	distrayant/e, divertissant/e	entretido/a
fantástico/a	fantastic	fantastique	fantástico/a
futurista	futuristic	futuriste	futurista
hacer llorar	to make cry	faire pleurer	fazer chorar
hacer reír	to make laugh	faire rire	fazer rir
(la) historia	history	(l') histoire	(a) história
(el) humor	humour	(l') humour	(o) humor
(es) inquietante	disturbing	(c'est) inquiétant	(é) inquietante
lleno/a	full	plein/eine	cheio/a
mágico/a	magical	magique	mágico/a
(el) misterio	mystery	(le) mystère	(o) mistério
(la) pasión	passion	(la) passion	(a) paixão
perderse	to miss	passer à côté, louper	perder-se
(la) razón	reason	(la) raison	(a) razão
(el) relato	story	(le) récit	(o) relato
resolver	to solve	résoudre	resolver
(el) terror	terror	(la) terreur	(o) terror
¿Cultura en las redes sociales?			
al final	in/at the end	à la fin	no final
(el / la) autor/a	author	(l') auteur/e	(o / a) autor/a
(la) aventura	adventure	(l') aventure	(a) aventura
(el) caballero	knight	(le) chevalier	(o) cavaleiro
contagiar	to catch	transmettre, contaminer	contagiar
dejar (de)	to stop	cesser, arrêter de	deixar de
en resumen	to sum up	en résumé, en somme	em resumo
hacerse llamar	to call yourself	être dénommé, être connu comme	denominar-se
(el) idealismo	idealism	(l') idéalisme	(o) idealismo
(la) injusticia	injustice	(l') injustice	(a) injustiça
luchar	to fight	lutter	lutar
(la) novela de caballerías	chivalric romance	(le) roman de	(o) romance de cavalarias
para acabar	to finish	pour finir, finalement	para acabar
realista	realist	réaliste	realista
(la) reseña	summary	(la) critique	(a) resenha
(la) visión	vision	(la) vision	(a) visão
volverse loco/a	to go mad	devenir fou/folle	ficar maluco/a

¡Qué fuerte!			
(la) anécdota	anecdote	(l')anecdote	(a) estória
¿de verdad?	really?	vraiment ?, c'est vrai ?	mesmo?
¿en serio?	seriously?	sérieusement ?	jura?
fijarse	to look at	remarquer, réaliser, faire attention	prestar atenção
gritar	to shout	crier	gritar
pasar miedo	to be /get scared	avoir peur	ter medo
pasar vergüenza	to be /get embarrassed	avoir honte	ter vergonha
¿qué le pasó?	what happened to him/ her/it?	que lui est-il arrivé ?	o que aconteceu com ele/a?
¿qué pasó?	what happened?	que s'est-il passé ?	o que aconteceu?
supernervioso/a	extremely nervous	supernerveux/euse	supernervoso/a
total, que	and so,	bref,...	acontece que...
una vez	once	une fois	uma vez
El realismo mágico			
(el) amanecer	sunrise	le lever du soleil, (l') aube	(o) amanhecer
(el) ataúd	coffin	(le) cercueil	(o) caixão
caer	to fall	tomber	cair
(la) colcha	quilt	(le) couvre-lit	(a) colcha
compacto/a	compact	compact	compacto/a
(el) copo de nieve	snowflake	(le) flocon de neige	(o) floco de neve
(el) cristal	glass	(la) vitre	(o) vidro
cubrir	to cover	couvrir	cobrir
derretirse	to melt	fondre	derreter-se
(el) entierro	burial	(l') enterrement	(o) enterro
(el) espejo	mirror	(le) miroir	(o) espelho
(las) fosas nasales	nostrils	(les) fosses nasales	(as) fossas nasais
(el / la) fundador/a	founder	(le/la) fondateur/trice	(o / a) fundador/a
(la) generación	generation	(la) génération	(a) geração
(la) llovizna	drizzle	(le) crachin, (la) bruine	(o) chuvisco
ocurrir	to happen	avoir lieu, arriver	ocorrer
(la) pala	shovel	(la) pelle	(a) pá
piar	to cheep	piailler	piar
poco después	not long after	peu après	pouco depois
(el) rastrillo	rake	(le) râteau	(o) ancinho
sacudir	to shake	secouer	sacudir
tapizado/a	upholstered	revêtu/e, tapissé/e	estofado/a
(el) techo	ceiling	(le) toit	(o) telhado
tomar medidas	to take measurements	mesurer	tirar medidas
(la) vela	candle	(la) bougie	(a) vela
Cuenta la leyenda			
(la) cesta	basket	(le) panier	(a) cesta
convertirse	to turn into	devenir	transformar-se

Glosario

desaparecer	to disappear	disparaître	desaparecer
(el / la) dios/a	god/goddess	(le/la) dieux/déesse	(o / a) deus/a
hacerse hombre	to become a man	devenir un homme	virar homem
(el / la) huérfano/a	orphan	(l') orphelin/e	(o / a) órfão/órfã
(la) lágrima	tear	(la) larme	(a) lágrima
(la) laguna	lake	(la) lagune	(a) lagoa
(el) matrimonio	couple	(le) couple marié, le couple, le mariage	(o) matrimônio
(la) picadura	bite	(la) piqûre	(a) picada
poblar	to populate	peupler	povoar
radioactivo/a	radioactive	radioactif/ive	radiativo
reclamar	to claim	réclamer	reclamar
sagrado/a	sacred	sacré/e	sagrado/a
(la) serpiente	snake	(le) serpent	(a) serpente
sumergirse	to sink	plonger	afundar
tener poderes	to have powers	avoir des pouvoirs	ter poderes
(la) tradición	tradition	(la) tradition	(a) tradição
(el) valle	valley	(la) vallée	(o) vale
vivir en armonía	to live in harmony	vivre en harmonie	viver em harmonia
La naturaleza mágica de Colombia			
(el) arcoíris	rainbow	(l') arc-en-ciel	(o) arco-íris
(el) ave	bird	(l') oiseau	(a) ave
(la) cascada	waterfall	(la) cascade	(a) cachoeira
esconder	to hide	cacher	esconder
explorar	to explore	explorer	explorar
(el) glaciar	glacier	(le) glacier	(o) glacial
(la) magia	magic	(la) magie	(a) magia
salvaje	wild	sauvage	selvagem
(el) tráiler	trailer	(la) bande-annonce	(o) trailer
Mi gramática			
analizar	to analyse	analyser	analisar
aparecer	to appear	apparaître	aparecer
asustarse	to get scared	avoir peur, prendre peur	assustar-se
de repente	suddenly	tout d'un coup, soudainement	de repente
(el / la) mago/a	magician	(le/la) magicien/enne	(o / a) mago/a
misterioso/a	mysterious	mystérieux/euse	misterioso/a
peludo/a	furry	poilu/e	peludo/a
perder	to miss	perdre	perder
precioso/a	precious	magnifique, beau/belle	lindo/a
(el) presentimiento	feeling	(le) pressentiment	(o) pressentimento
(el) rato	while	(le) moment, (l') instant	(o) momento / pouco
ridículo/a	ridiculous	ridicule	ridículo/a
(el) sombrero	hat	(le) chapeau	(o) chapéu
(la) suerte	luck	(la) chance	(a) sorte

Mis palabras			
(el) argumento	plot	(l') argument	(o) argumento
(el) cortometraje, corto	short film	(le) court-métrage	(o) curta-metragem, curta
(la) creencia	belief	(la) croyance	(a) crença
(el) cuento	story	(le) conte	(o) conto
(el) documental	documentary	(le) documentaire	(o) documentário
imaginativo/a	imaginative	imaginatif/ive	imaginativo/a
narrar	to narrate	raconter	narrar
(la) novela	novel	(le) roman	(o) livro
(la) obra de teatro	play	(la) pièce de théâtre	(a) peça de teatro
(el) poema	poem	(le) poème	(o) poema
policíaco/a	crime	policier/ère	policial
romántico/a	romance	romantique	romântico/a
La Ventana			
apaciguar	to appease	apaiser, calmer	apaziguar
astronómico/a	astronomical	astronomique	astronômico/a
(la) divinidad	deity	(la) divinité	(a) divindade
(el / la) emperador/triz	emperor / empress	(l') empereur/impératrice	(o / a) imperador/triz
en honor de	in honour of	en l'honneur de	em honra a
formar	to make up	former	formar
(el) maíz	maize	(le) maïs	(o) milho
(la) muerte	death	(la) mort	(a) morte
(el) observatorio	observatory	(l') observatoire	(o) observatório
rememorar	to remember	se remémorer, se souvenir	relembrar
(el) ritual	ritual	(le) rituel	(o) ritual
(el) sacrificio	sacrifice	(le) sacrifice	(o) sacrifício
(el) santuario	shrine	(le) sanctuaire	(o) santuário
simbolizar	to symbolise	symboliser, incarner	simbolizar
(el) solsticio	solstice	(le) solstice	(o) solstício
Somos ciudadanos			
ahogar	to choke / to drown	étouffer, noyer	afogar
(la) alternativa	alternative	(l') alternative	(a) alternativa
(la) basura	rubbish	(la) poubelle	(o) lixo
darse cuenta	to realise	se rendre compte, réaliser	perceber
en peligro	in danger	en danger	em perigo
(el) plástico	plastic	(le) plastique	(o) plástico
ponerse de pie	to stand	se mettre debout	ficar em pé
reducir	to reduce	réduire	reduzir
rodeado/a	surrounded	entouré/e	rodeado/a
salvar	to save	sauver	salvar
(la) supervivencia	survival	(la) survie	(a) sobrevivência
Mis talleres de lengua			
crear	to create	créer	criar
(el) diaporama	slide show	(le) diaporama	(a) apresentação de slides

digital	digital	numérique, digital/e	digital
inspirarse	to be inspired by	s'inspirer	inspirar-se
(la) presentación	presentation	(la) présentation	(a) apresentação
(la) revista	magazine	(le) magazine	(a) revista

UNIDAD 3 El MUNDO DEL MAÑANA			
ESPAÑOL	ENGLISH	FRANÇAIS	PORTUGUÊS
¡En marcha!			
(el) campamento	camp	(la) colonie (de vacances), (le) campement	(o) acampamento
dar clases	to give classes	donner des cours, enseigner	dar aulas
no tener ni idea	to not have any idea	n'en avoir aucune idée, ne pas savoir	não fazer a menor ideia
planear	to plan	planifier	planejar
prepararse	to prepare yourself	se préparer	preparar-se
¿Cómo será el futuro?			
(la) distancia	distance	(la) distance	(a) distância
agotarse	to run out	s'épuiser	esgotar-se
aumentar	to increase	augmenter	aumentar
autónomo/a	self-driving	autonome	autónomo/a
cumplir	to come true	atteindre, tenir	cumprir
(la) década	decade	(la) décennie	(a) década
disminuir	to decrease	diminuer	diminuir
en efectivo	in cash	en liquide (argent)	em dinheiro vivo
(el) espacio (universo)	space (universe)	(l') espace, (l') univers	(o) espaço (universo)
(las) fronteras	borders	(les) frontières	(as) fronteiras
ilegal	illegal	illégal(e)	ilegal
(el) pago	payment	(le) paiement	(o) pagamento
(el) recurso	resource	(la) ressource	(o) recurso
renovable	renewable	renouvelable	renovável
(el) residuo	waste	(le) résidu	(o) resíduo
¿Utopía o distopía?			
(el) aire	air	(l') air	(o) ar
aislado/a	isolated	isolé(e)	isolado/a
algún/o/a	some / any	quelque, quelqu'un/une	algum/a
(el) aparato electrónico	electrical appliance	(l') appareil électronique	(o) aparelho eletrônico
(el) dron	drone	(le) drone	(o) drone
estar conectado/a	to be connected to	être connecté/e	estar conectado/a
nadie	nobody	personne	ninguém
ningún/o/a	no / any	aucun/e	nenhum/a
(la) realidad aumentada	augmented reality	(la) réalité augmentée	(a) realidade aumentada
¿Qué te gustaría ser?			
¿a qué te dedicas?	what do you do?	qu'est-ce que tu fais ? (profession), tu travailles dans quoi ?	qual é a tua profissão?

(el / la) administrativo/a	office worker	(l') agent administratif, employé/e de bureau	(o / a) administrador/a
(el / la) carpintero/a	carpenter	(le/la) menuisier/ère	(o / a) marceneiro/a
(el / la) cocinero/a	cook	(le/la) cuisinier/ère	(o / a) cozinheiro/a
creativo/a (adj.)	creative	créatif/ive	criativo/a (adj.)
(el / la) enfermero/a	nurse	(l') infirmier/ère	(o / a) enfermeiro/a
(el / la) fontanero/a	plumber	(le/la) plombier/ère	(o / a) encanador/a
(el / la) fotógrafo/a	photographer	(le/la) photographe	(o / a) fotógrafo/a
(el / la) mecánico/a	mechanic	(le/la) mécanicien/enne	(o / a) mecânico/a
(el / la) médico/a	doctor	(le) médecin	(o / a) médico/a
(el / la) monitor/a	camp leader	(le/la) moniteur/trice	(o / a) monitor/a
organizarse	to organise	s'organiser	organizar-se
(el / la) peluquero/a	hairdresser	(le/la) coiffeur/euse	(o / a) cabeleireiro/a
(el) programa informático	computer programme	(le) logiciel, (le) programme informatique	(o) programa informático
ser bueno/a (con)	to be good at	être doué/e (pour), être bon (en, à)	ser bom/boa (com)
ser malo/a (con)	to be bad at	être mauvais/e (pour, en), être nul(le)	ser mau/má (com)
(el / la) técnico/a de sonido	sound technician	(le/la) technicien/enne son	(o / a) técnico/a de som
Después de los estudios			
(el / la) abogado/a	lawyer	(l') avocat/e	(o / a) advogado/a
(la) actualidad	current news	actualité	(a) atualidade
(el / la) arquitecto/a	architect	(l') architecte	(o / a) arquiteto/a
curioso/a	curious	curieux/euse	curioso/a
(el / la) ingeniero/a	engineer	(l') ingénieur/e	(o / a) engenheiro/a
(el / la) periodista	journalist	(le/la) journaliste	(o / a) jornalista
(el / la) profesor/a	teacher	(l') enseignant/e, (le/la) professeur/e	(o / a) profesor/a
(el / la) psicólogo/a	psychologist	(le/la) psychologue	(o / a) psicólogo/a
solidario/a	caring	solidaire	solidário/a
Ofertas de trabajo			
acabar (de)	to have just	venir (de)	acabar (de)
activo/a	energetic	actif/ive	ativo/a
aunque	although	bien que, même si	embora/ainda que
(la) candidatura	application	(la) candidature	(a) candidatura
(el / la) canguro	babysitter	(le/la) baby-sitter	(o / a) babá
(el) complemento	supplement	(le) complément	(o) complemento
(la) empresa	business	(l') entreprise	(a) empresa
(la) entrevista de trabajo	interview	(l') entretien de travail	(a) entrevista de emprego
estar libre	to be free	être libre	estar livre
(la) experiencia laboral	work experience	(l') expérience professionnelle	(a) experiência profissional
independiente	independent	indépendant/e	independente
(la) jornada	work day	(la) journée	(a) jornada
motivado/a	motivated	motivé/e	motivado/a

(el / la) paseador/a	dog walker	(le/la) promeneur/euse	(o / a) passeador/a
(el) permiso de conducir	driving licence	(le) permis de conduire	(a) carteira de motorista
(el / la) repartidor/a	deliveryman / deliverywoman	(le/la) livreur/euse	(o / a) entregador/a
requerir	to require	exiger	requerer
(el) requisito	requirement	(la) condition requise	(o) requisito
responsable	responsible	responsable	responsável
se busca	looking for	à la recherche de, on recherche	procura-se
semanal	weekly	hebdomadaire	semanal
serio/a	serious	sérieux/euse	sério/a
El verano de Arturo			
au pair	au pair	au pair	au pair
(el) puesto de trabajo	position	(le) poste (de travail)	(a) vaga de trabalho
(el) sueldo	pay / salary	(le) salaire	(o) salário
x euros la hora	*x* euros an hour	*x* euros de l'heure	*x* reais a hora
Mi gramática			
el año que viene	next year	l'année prochaine	o ano que vem
(los) humanos	humans	(les) humains	(os) humanos
inmortal	immortal	immortel/le	imortal
(el) mundo ideal	ideal world	(le) monde idéal	(o) mundo ideal
(la) pobreza	poverty	(la) pauvreté	(a) pobreza
(el) portátil (ordenador)	laptop	(l') ordinateur portable	(o) laptop
(la) reunión	gathering	(la) réunion	(a) reunião
(la) sed	thirst	(la) soif	(a) sede
(la) señal de tráfico	traffic signal	(le) panneau de signalisation	(o) sinal de trânsito
servir	to serve	servir	servir
Mis palabras			
(el / la) candidato/a	applicant	(le/la) candidat/e	(o / a) candidato/a
(la) carta de motivación	cover letter	(la) lettre de motivation	(a) carta de motivação
estar aislado/a	to be isolated	être isolé/e	estar isolado/a
estar conectado/a	to be connected	être connecté/e	estar conectado/a
(la) gasolina	petrol	(l') essence	(a) gasolina
(el) horario flexible	flexible timetable	(l') horaire flexible	(o) horário flexível
nivel medio / alto de	average/high level of	niveau intermédiaire/élevé en	nível médio / alto de
(la) oferta de trabajo	job offer	(l') offre d'emploi	(a) oferta de trabalho
ser flexible	to be flexible	être flexible	ser flexível
tener ganas	to feel like	avoir envie	ter vontade
La Ventana			
a menudo	often	souvent	com frequência
(la) adolescencia	adolescence	(l') adolescence	(a) adolescência
(el / la) amo/a	master	(le/la) patron/ne	(o / a) patrão/patroa
anónimo/a	anonymous	anonyme	anônimo

burlarse	to make fun of	se moquer	zombar
(el / la) ciego/a	blind	(l') aveugle	(o / a) cego/a
(el) episodio	part	(l') épisode	(o) episódio
(la) época	era	(l') époque	(a) época
(la) infancia	childhood	(l') enfance	(a) infância
instruir	to teach	former, enseigner	instruir
(el) ruido	noise	(le) bruit	(o) barulho
sobrevivir	to survive	survivre	sobreviver
Somos ciudadanos			
bajo precio	low price	prix réduit, bas prix	preço baixo
contribuir	to contribute	contribuer, participer	contribuir
(el / la) desfavorecido/a	disadvantaged	(le/la) touché/e, défavorisé/e	(o / a) desfavorecido/a
(la) donación	donation	(le) don, (la) donation	(a) doação
donado/a	donated	donné/e	doado/a
(el) establecimiento	establishment	(l') établissement	(o) estabelecimento
financiar	to finance	financer	financiar
(la) fundación	foundation	(la) fondation	(a) fundação
poner a disposición	to make available	mettre à disposition	colocar à disposição
procedente (de)	coming from	en provenance (de), provenant/e de	procedente (de)
(el) proyecto	project	(le) projet	(o) projeto
(el) público	public	(le) public	(o) público
(la) reutilización	recycling	(la) réutilisation	(a) reutilização
sensibilizado/a	aware	sensibilisé/e	sensibilizado/a
(la) tarea	task	(la) tâche	(a) tarefa
(el / la) voluntario/a	volunteer	(le/la) bénévole	(o / a) voluntário/a
Mis talleres de lengua			
(el) artículo (periodístico)	article	(l') article	(o) artigo (jornalístico)
(la) diapositiva	slide	(la) diapositive	(o) slide
diseñar	to design	concevoir	desenhar
(la) encuadernación	binding	(la) reliure, (la) couverture	(a) encadernação
(el / la) entrevistador/a	interviewer	(l') intervieweur/euse	(o / a) entrevistador/a
(el) pie de foto	caption	(la) légende	(a) legenda da foto
(el) subtítulo	subtitle	(le) sous-titre	(a) legenda
(el) título	title	(le) titre	(o) título

UNIDAD 4 HUELLAS

ESPAÑOL	ENGLISH	FRANÇAIS	PORTUGUÊS
¡En marcha!			
(la) feria	festival	(la) fête, (la) fête foraine	(a) feira
(la) flamenca	female flamenco dancer	(la) flamenca	(a) flamenga
recomendar	to recommend	recommander	recomendar

¡Soy un puzle!			
(el) baile	dance	(la) danse	(a) dança
(la) comida	food	(la) nourriture, (le) repas	(a) comida
conocerse	to (get to) know	se connaître	conhecer-se
(los) deportes	sports	(les) sports	(os) esportes
emigrar (a)	to emigrate (to)	émigrer (à)	emigrar (para)
(la) faceta	facet	(l') aspect, (la) facette	(a) faceta
(la) familia	family	(la) famille	(a) família
(el) flamenco	flamenco	(le) flamenco	(o) flamenco
hasta ahora	up to now	jusqu'à présent	até agora
(el) idioma	language	(la) langue	(o) idioma
(el) laúd	lute	(le) luth	(o) alaúde
(la) música	music	(la) musique	(a) música
nacer (en)	to be born (in)	naître (à)	nascer (em)
oriental	eastern	oriental/e	oriental
(el) origen	origin	(l') origine	(a) origem
(el) país	country	(le) pays	(o) país
venir (de/a)	to come (from)	venir (de/à)	vir (de/para)
vivir (en)	to live (in)	vivre (à/en/au)	morar (em)
Personas que me han marcado			
abandonar	to abandon	abandonner	abandonar
acordarse (de)	to remember	se rappeler (de)	lembrar-se (de)
(el) aspecto	appearance	(l') aspect	(o) aspecto
colocarse	to put	se situer	colocar-se
confiar (en)	to trust	avoir confiance (en), faire confiance (à)	confiar (em)
dar la vuelta	to turn around	faire le tour	dar a volta
dejar huella	to leave a mark	laisser une trace	deixar marca
(el / la) emigrante	emigrant	(l') émigrant/e	(o/a) emigrante
emocionar	to get excited	émouvoir, toucher	emocionar
(la) fila	queue	(la) rangée	(a) fila
(la) hostelería	hotel management	(la) restauration	(a) hotelaria
influir (en)	to influence	avoir de l'influence (en, sur)	influenciar (em)
marcar a alguien	to leave an impression on someone	marquer quelqu'un	deixar marca em alguém
(el) monte	mountain	(le) mont	(a) montanha
participar (en)	to take part (in)	participer (dans/à)	participar (de)
pensar (en)	to think (about)	penser (à)	pensar (em)
prudente	careful	prudent/e	prudente
recordar a alguien	to remember / remind somebody	se souvenir de quelqu'un	lembrar de alguém
recordar algo	to remember something	se souvenir de quelque chose	lembrar algo
(el) recuerdo	memory	(le) souvenir	(a) lembrança

(el) reportaje	report	(le) reportage	(a) reportagem
soñar (con)	to dream (about)	rêver (de)	sonhar (com)
(el / la) viajero/a	traveller	(le/la) voyageur/euse	(o/a) passageiro/a
El arte flamenco			
(el) arte	art	(l') art	(a) arte
(el / la) artista	artist	(l') artiste	(o / a) artista
(el / la) bailaor/a	flamenco dancer	(le/la) danseur/euse de flamenco	(o / a) bailador/a
(el) caló	language spoken by the Romani people	(le) caló (langage des gitans espagnols)	(o) caló
(el / la) cantaor/a	flamenco singer	(le/la) chanteur/euse de flamenco	(o / a) cantor/a
(el) cante	singing	(le) chant	(a) cantoria
(la) disciplina	discipline	(la) discipline	(a) disciplina
(la) emoción	emotion	(l') émotion	(a) emoção
establecerse	to settle	s'établir	estabelecer-se
(el) estilo	style	(le) style	(o) estilo
(la) etnia	ethnic group	(l') ethnie	(a) etnia
expresarse	to express yourself	s'exprimer	expressar-se
(el) gesto	movement	(le) geste	(o) gesto
(el) gitano	Romani male	(le) gitan	(o) cigano
originario/a	originally from	originaire	originário/a
(las) palmas	clapping	(les) palmes	(as) palmas
provenir	to come from	venir de	provir
(el) rasgo	trait	(le) trait, la caractéristique	(o) traço
¿Te gusta bailar?			
acompañar	to accompany	accompagner	acompanhar
adornar	to decorate	décorer	decorar
bailar en parejas	to dance in pairs	danser deux par deux	dançar em pares
(la) cumbia	traditional Colombian folk dance	(la) cumbia	(a) cúmbia
(el / la) experto/a	expert	(l') expert/e	(o / a) especialista
(la) flauta	flute	(la) flûte	(a) flauta
formar un círculo / una fila	to form a circle / line	former un cercle / une rangée	fazer um círculo / uma fila
(la) gaita	bagpipes	(la) cornemuse	(a) gaita
(el / la) indígena	indigenous	(l') indigène	(o / a) indígena
(el) instrumento de viento	wind instrument	(l') instrument de	(o) instrumento de sopro
(la) maraca	maraca	(les) maracas	(a) maraca
(el) pañuelo	handkerchief	(le) mouchoir, (le) foulard	(o) lenço
(el) participante	participant	(le) participant	(o) participante
(la) plantación	plantation	(la) plantation	(a) plantação
(la) seducción	seduction	(la) séduction	(a) sedução
(el) tambor	drum	(le) tambour	(o) tambor
tocar un instrumento	to play an instrument	jouer un instrument	tocar um instrumento

tocarse	to touch each other	se toucher	tocar-se
(la) vela	candle	(la) bougie	(a) vela
(el) vestuario	costume	(la) garde-robe, (le) vestiaire	(o) vestuário
La vida en al-Ándalus			
(la) aportación	contribution	(la) contribution	(a) contribuição
conquistar	to conquer	conquérir	conquistar
(la) construcción	construction	(la) construction	(a) construção
contar (con)	to have	avoir	possuir
(el) cultivo	crop	(la) culture, (l') entretien	(o) cultivo
(el / la) habitante	inhabitant	(l') habitant	(o / a) habitante
llegar a ser	to become	devenir	chegar a ser
(el) monumento	monument	(le) monument	(o) monumento
ocupar	to occupy	occuper	ocupar
perfeccionar	to perfect	perfectionner	aperfeiçoar
público/a	public	public/ique	público/a
(el) regadío	irrigation	(l') irrigation	(a) irrigação
Las palabras viajeras			
(el) álgebra	algebra	(l') algèbre	(a) álgebra
(el) árabe	Arabic	(l') arabe	(o) árabe
(el) catalán	Catalan	(le) catalan	(o) catalão
(el) chubasco	downpour	(l') averse	(a) tempestade
(la) cifra	figure / number	(le) chiffre	(a) cifra
(el) francés	French	(le) français	(o) francês
(el) gallego	Galician	(le) galicien	(o) galego
(la) herencia	heritage	(l') héritage	(a) herança
(el) íbero	Iberian	(l') ibère	(o) ibero
(el) inglés	English	(l') anglais	(o) inglês
invadir	to invade	envahir	invadir
(el) italiano	Italian	(l') italien	(o) italiano
(el) latín	Latin	(le) latin	(o) latim
(la) lengua románica	Romance language	(la) langue romaine	(a) língua românica
(las) lenguas celtas	Celtic languages	(les) langues celtiques	(a) língua celta
(el) náhuatl	Nahuatl	(le) nahuatl	(o) náuatle
(el) portugués	Portuguese	(le) portugais	(o) português
(el) vasco	Basque	(le) basque	(o) basco
Mi gramática			
competir	to compete	rivaliser	competir
educativo/a	educational	éducatif/ive	educativo/a
repetir	to repeat	répéter	repetir
Mis palabras			
aprender (de)	to learn (from)	apprendre (de)	aprender (com)
(la) biografía	biography	(la) biographie	(a) biografia
cambiar (de)	to change	changer (de)	mudar (de)

La Ventana			
(la) arquitectura	architecture	(l') architecture	(a) arquitetura
(el) campanario	bell tower	(le) clocher	(o) campanário
(la) catedral	cathedral	(la) cathédrale	(a) catedral
convivir	to live together with	vivre ensemble	conviver
(el / la) cristiano/a	Christian	(le/la) chrétien/ienne	(o / a) cristão/ã
(la) fortaleza	fortress	(la) forteresse	(a) fortaleza
islámico/a	Islamic	islamique	islâmico/a
(el / la) judío/a	Jew	(le/la) juif/ive	(o / a) judeu / judia
(la) mezquita	mosque	(la) mosquée	(a) mesquita
(la) muralla	city wall	(la) muraille	(a) muralha
(el / la) musulmán/a	Muslim	(le/la) musulman/ane	(o / a) muçulmano / muçulmana
(la) torre	tower	(la) tour	(a) torre
Somos ciudadanos			
ambos	both	les deux, tous/toutes deux	ambos
(el) comercio	trade / commerce	(le) commerce	(o) comércio
contaminante	polluting	contaminant/e	contaminante
(la) cooperativa	cooperative	(la) coopérative	(a) cooperativa
(la) desigualdad	inequality	(l') inégalité	(a) desigualdade
(la) explotación infantil	child labour	(l') exploitation	(a) exploração infantil
frecuente	frequent	fréquent/e	frequente
globalizado/a	globalised	globalisé/e	globalizado/a
(el) intercambio	exchange	(l') échange	(o) intercâmbio
(el) intermediario	intermediary	(l') intermédiaire	(o) intermediário
justo/a	fair	juste	justo/a
(el / la) productor/a	producer	(le/la) producteur/trice	(o / a) produtor/a
(el) salario	salary	(le) salaire	(o) salário
(el) sello	stamp	(le) tampon, (le) label	(o) selo
tradicional	traditional	traditionnel/le	tradicional
tratarse	to be / involve	s'agir	tratar-se
(los) valores	values	(les) valeurs	(os) valores

UNIDAD 5 TODOS SOMOS HERMANOS

ESPAÑOL	ENGLISH	FRANÇAIS	PORTUGUÊS
¡En marcha!			
(el) dialecto	dialect	(le) dialect	(o) dialeto
(el) ídolo	idol	(l') idole	(o) ídolo
(la) inmigración	immigration	(l') immigration	(a) imigração
latino/a	Latin American	latino, latino-américain/aine	latino/a
(el) misionero	missionary	(le/la) missionnaire	(o) missionário
ser fundado/a	to be founded	être fondé/e	ser fundado/a

El Mes de la Herencia Hispana			
aportar	to contribute	apporter, fournir	contribuir
(la) coreografía	choreography	(la) chorégraphie	(a) coreografia
(las) decenas	dozens	(les) dizaines	(as) dezenas
(el) deportista	athlete	(le) sportif/ive	(o) esportista
destacar	to stand out	souligner, mettre l'accent sur	destacar
(el / la) empresario/a	businessman / businesswoman	(le/la) chef d'entreprise	(o / a) empresário/a
estar presente	to be present	être présent/e	estar presente
(la) gastronomía	gastronomy	(la) gastronomie	(a) gastronomia
(el / la) gimnasta	gymnast	(le/la) gymnaste	(o / a) ginasta
inspirado/a	inspired	inspiré/e	inspirado/a
(el / la) inventor/a	inventor	inventeur/trice	(o / a) inventor/a
(el / la) músico/a	musician	(le/la) musicien/ienne	(o / a) músico/a
(la) receta	recipe	(la) recette	(a) receita
ser de origen	of ... origin	être d'origine	ser de origem
trasladarse (a)	to move (to)	déménager (à)	mudar-se (a)
Una generación bilingüe			
(el) alimento	food	(l') aliment	(o) alimento
ayudar (a)	to help (to)	aider	ajudar (alguém)
ayudar (con)	to help (with)	aider (pour/à)	ajudar (com algo)
cultivarse	to grow (a crop)	se cultiver	cultivar-se
dominar	to dominate	dominer	dominar
(la) frescura	freshness	(la) fraîcheur	(o) frescor
(el) mango	mango	(la) mangue	(a) manga
¿A favor o en contra?			
(el) bilingüismo	bilingualism	(le) bilinguisme	(o) bilinguismo
(la) comunicación	communication	(la) communication	(a) comunicação
comunicarse	to communicate	communiquer	comunicar-se
constantemente	constantly	constamment	constantemente
(el) contacto	contact	(le) contact	(o) contato
enseñar	to teach	apprendre, montrer, enseigner	ensinar
estar a favor	to be in favour	être pour, être d'accord/ favorable	estar a favor
estar en contacto con	to be in contact with	être en contact avec	estar em contato com
estar en contra	to be against	être contre, défavorable	estar em contra
(el) idioma	language	(la) langue	(o) idioma
(la) lengua	language	(la) langue	(a) língua
me parece bien / mal	I think it's good / bad	cela me convient / ne me convient pas,il me semble bien / mal	acho bom / ruim
(la) mezcla	mix	(le) mélange	(a) mistura
mezclar	to mix	mélanger	misturar

molestar	to bother	déranger	incomodar
peor	worse	pire	pior
perder	to lose	perdre	perder
ser bilingüe	to be bilingual	être bilingue	ser bilíngue
¿Es injusto?			
acceder	to access	accéder	acessar
bueno/a	good	bon/onne	bom / boa
(el) cambio climático	climate change	(le) changement climatique	(a) mudança climática
concienciar	to make aware	sensibiliser, faire prendre conscience	conscientizar
denunciar	to report	dénoncer	denunciar
(la) educación	education	(l') éducation	(a) educação
estrenarse	to premiere	débuter	estrear
estupendo/a	wonderful	formidable	estupendo/a
horrible	horrible	horrible	horrível
injusto/a	unfair	injuste	injusto/a
(el / la) inmigrante	immigrant	(l') immigré/e	(o / a) imigrante
malo/a	bad	mauvais/e	mal / má
(la) migración	migration	(la) migration	(a) migração
normal	normal	normal/e	normal
(el) permiso de residencia	residence permit	(le) permis de résidence	(a) autorização de residência
(el) prejuicio	prejudice	(le) préjugé	(o) preconceito
racista	racist	raciste	racista
representar (una obra de teatro)	to perform	représenter, jouer	representar
Yo soy inmigrante			
ahorrar	to save	économiser	economizar
echar de menos	to miss	manquer (quelqu'un), regretter (quelqu'un)	ter saudade
estar orgulloso/a	to be proud	être fier/ière	estar orgulhoso/a
extranjero/a	foreign	étranger/ère	estrangeiro/a
ganar	to earn	gagner	ganhar
graduarse	to graduate	être diplômé/e	formar-se
(la) ilegalidad	illegality	(l') illégalité	(a) ilegalidade
limpiador/a	cleaner	nettoyeur/euse	limpador/a
llamar por teléfono	to phone	téléphoner	fazer uma ligação
mandar dinero	to send money	envoyer de l'argent	mandar dinheiro
proteger	to protect	protéger	proteger
separarse	to separate	se séparer	separar-se
trabajar como	to work as	travailler comme	trabalhar de
volver (a)	to return (to)	revenir (à)	voltar (a)
No recordaba a mi mamá			
(el) agua corriente	running water	(l') eau courante	(a) água encanada
costar	to find something difficult	coûter	custar

(el) departamento	flat	(le) département	(o) apartamento
enorme	enormous	énorme	enorme
grandioso/a	impressive	grandiose	enorme
pasarlo mal	to have a bad time	passer un mauvais moment	sentir-se mal
(el) queroseno	kerosene	(le) kérosène	(o) querosene
(la) tierra	land	(la) terre	(a) terra
Mi gramática			
(la) asociación	organisation	(l') association	(a) associação
combatir	to fight	combattre	combater
deprisa	faster	vite	depressa
(la) fábrica	factory	(la) fabrique, (l') usine	(a) fábrica
(el) fenómeno	phenomenon	(le) phénomène	(o) fenômeno
(la) ilusión	hope	(l') illusion	(a) ilusão
(la) iniciativa	initiative	(l') initiative	(a) iniciativa
(el) maratón	marathon	(le) marathon	(a) maratona
(la) vergüenza	disgrace	(la) honte	(a) vergonha
La Ventana			
al aire libre	outdoor	à l'air libre	ao ar livre
(la) corriente artística	art movement	(le) courant	(o) movimento artístico
(el) mural	mural	(la) fresque	(o) mural
reivindicativo/a	in protest	revendicatif/ive	reivindicativo/a
Somos ciudadanos			
(la) angustia	anguish	l'angoisse	(a) angústia
dejar atrás	to leave behind	laisser en arrière	abandonar
digno/a	decent	digne	digno/a
(el) escenario	stage	(la) scène	(o) cenário
estar lleno de vida	to be full of life	débordant de vie	estar cheio de vida
(la) ilusión	hope	(l') espoir, (l') enthousiasme	(a) esperança
intenso/a	intense	intense	intenso/a
lo más hondo	the deepest level	le/la plus profond/e	o mais fundo/a
(el) mestizaje	intermingling	(le) métissage	(a) miscigenação
(el) muro	wall	(le) mur	(o) muro
noble	noble	noble, généreux/euse	nobre
(el) racismo	racism	(le) racisme	(o) racismo
(el) rencor	rancour	(la) rancune	(o) rancor
ser más sabio/a	to be wiser	être plus sage, être plus savant/e	ser mais sábio/a
(la) soledad	loneliness	(la) solitude	(a) solidão

MAPA POLÍTICO DE ESPAÑA

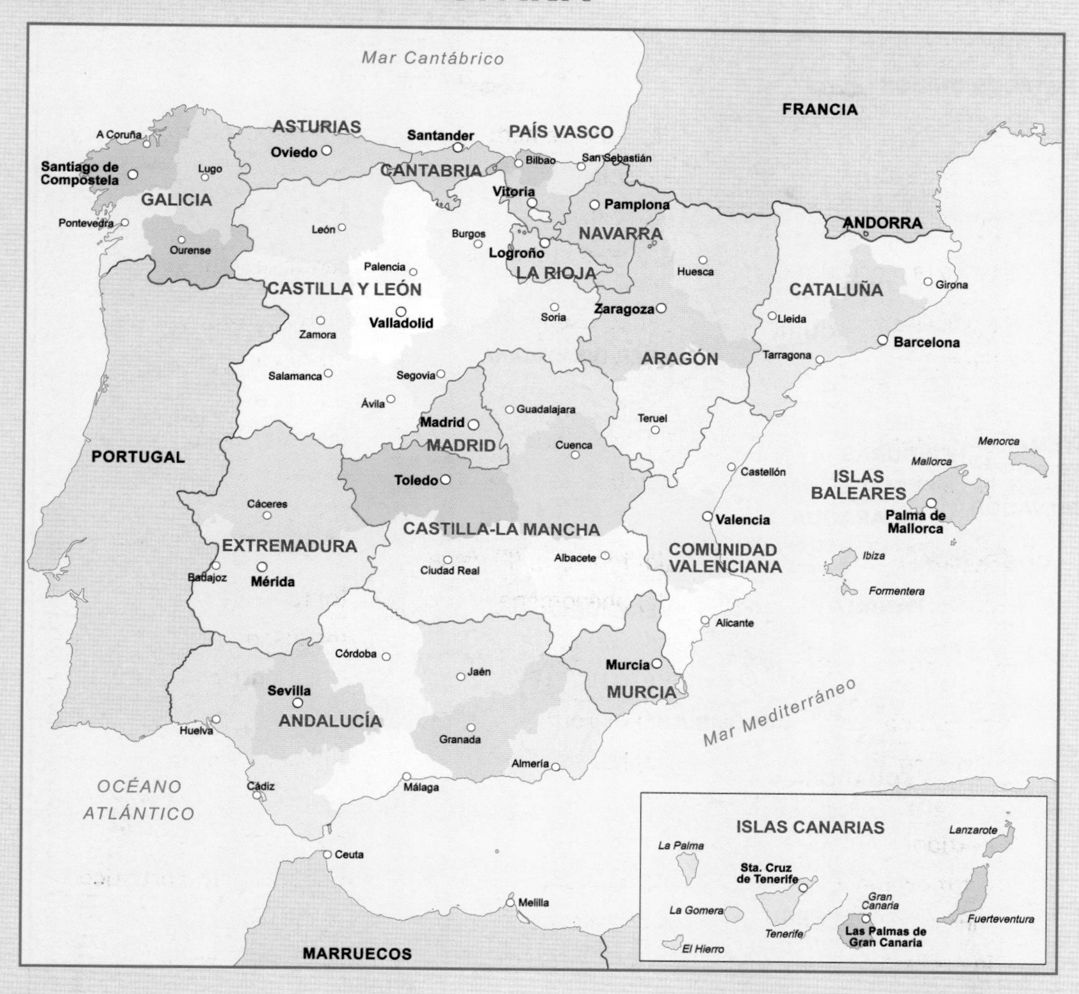

MAPA FÍSICO DE ESPAÑA

MAPAS DE AMÉRICA LATINA